本书系2017年度浙江省哲学社会科学规划
立项课题"智慧城市语境下的城市街道美学研究"
(17NDJC242YB) 的研究成果

梁勇 著

Chengshi Jiedao Meixue
Yingzao Fangfa Yanjiu

城市街道美学
营造方法研究

中国财经出版传媒集团

经济科学出版社

Economic Science Press

图书在版编目（CIP）数据

城市街道美学营造方法研究／梁勇著．—北京：
经济科学出版社，2019.10
ISBN 978 - 7 - 5218 - 1065 - 3

Ⅰ.①城…　Ⅱ.①梁…　Ⅲ.①城市道路 - 设计
Ⅳ.①U412.37

中国版本图书馆 CIP 数据核字（2019）第 239648 号

责任编辑：周胜婷
责任校对：王肖楠
责任印制：邱　天

城市街道美学营造方法研究
梁　勇　著
经济科学出版社出版、发行　新华书店经销
社址：北京市海淀区阜成路甲 28 号　邮编：100142
总编部电话：010 - 88191217　发行部电话：010 - 88191522
网址：www. esp. com. cn
电子邮件：esp@ esp. com. cn
天猫网店：经济科学出版社旗舰店
网址：http：//jjkxcbs. tmall. com
北京时捷印刷有限公司印装
710 × 1000　16 开　10.25 印张　200000 字
2019 年 10 月第 1 版　2019 年 10 月第 1 次印刷
ISBN 978 - 7 - 5218 - 1065 - 3　定价：68.00 元
（图书出现印装问题，本社负责调换。电话：010 - 88191510）
（版权所有　侵权必究　打击盗版　举报热线：010 - 88191661
QQ：2242791300　营销中心电话：010 - 88191537
电子邮箱：dbts@ esp. com. cn）

人在城市空间中活动是否自由，是考核空间及其设施规划与设计成功与否的核心，而街道是人的重要场所，人与场所之间存在互相作用、互相塑造的关系。

本书的焦点是以人的行为为圭臬研究提高街道空间与之配套的相关城市家具体系美学品质的系统性设计方法。街道美学的营造主要是指运用艺术设计的方法按照人的视觉特征来处理街道空间与其构成元素的组织关系，并在此基础上所进行的一系列重要的场所营造，同时它也对于城市的整体形象树立与提升有着重要的意义。空间以人为中心才富有意义[①]，本书立足艺术设计，探索整体性街道空间形象的艺术设计方法。分析人的户外行为，将"还原人的户外行为之'事'"与"解构街道空间之'物'"相结合，形成系统的街道造"物"方法是本课题主导的创新方向。这里关于街道造"物"主要涵盖街道基面之上的城市家具、公共服务设施及公共艺术品等城市视觉要素。从研究视角看，选题偏向广义建筑学中的"物质规划"（physical planning），但本书以街道空间为限，聚焦视角更为中观与微观。

在中国"城市化"与"城乡一体化"两大发展主题背景下，街道也呈现出街面形象"千城一面"及配套设施"无序混乱"等现实而亟待解决的空间美学问题。同时，作为城市公共服务的重要载体，街道与城市人的日常生活密切相关。国内许多有识之士和相关学者对空间美学问题众说纷纭，其中不乏智慧与灼见，许多言辞凿凿，但又带些许片面，落实到方法上却很难指导具体的实践。本书从现实问题切入城市街道空间的美学营造方法研究，从艺术设计的角度关注其造物活动与整体提升城市形象之间的关系，协助城市管理者落实城市形象的空间营造

---

① 刘先觉. 现代建筑理论［M］. 北京：中国建筑工业出版社，2000：145.

的工程实践。

如何提升街道空间品质不只建立在各视觉要素的有序建构及区域特色等基本美学规律之上，更为重要的是在艺术设计中用更为系统的方法处理空间—城市人—造物三者的内在联动关系。以城市家具的"形"为方法研究的切入点，立街道空间的"象"是追求目标，对于城市美学研究来说，该目标可以引申为追求"境象"之"境"，让人在"境象"之中领会视觉设计的"意象"之美，最终映出城市人"心象"之美——这也是本书的最终愿景。

目录
CONTENTS

第1章 引　　言

1.1　研究缘起和背景

1.1.1　研究缘起

1.1.1.1　对于城市化与城乡一体化的思考

"高品质城市空间塑造"是中国城市化进程中一个亟待解决的难题。在急功近利的中国当代城市化进程中，许多城市管理者与建设者似乎"走得太远了，以至于忘了为什么而出发"①。城市空间的拥堵、街道场所的无序、城市形象的平庸等一系列城市病症的涌现，已为城市人的现在与未来埋下了隐患。作为中国艺术设计的学人，经历了城市化与城乡一体化大背景下的诸多空间营造实践，也产生了一些具体的思考。

20世纪80年代初，中国的城市化逐渐起势，可以说这在世界范围内都是件大事，诺贝尔经济学奖得主、经济学家斯蒂格利茨（Joseph Eugene Stiglitz）曾断言21世纪对世界影响最大的有两件事：一是美国高科技产业，二是中国的城市化。这几年来，中国的人口从农村大量向城市会集，经过一轮又一轮的城市扩张与更新，城市的面貌不断变化；城市时空新变化，也使许多城市人对自己生活与居住的空间有了新的困惑甚是厌恶，这就是城市化的负面影响。城市品质与城市环境、城市更新与城市文脉、交通空间与生存空间等一对对矛盾亮起了红灯。这样的负面影响已经让许多有识之士感到警惕，国家也在政策层面进行了引导与调整，这其中重要的宏观举措即是推进我国的城乡一体化发展。

城乡一体化统筹发展是城市发展的一个新阶段，当前的中国城乡发展阶段已经进入了城乡统筹发展阶段。它的核心理念是解决城乡之间二元对立的结构关系，

---

① 摘自黎巴嫩著名诗人纪伯伦，此言论是他对自己国家连年战乱的有感而发。

"在一定区域内通过中心城市带动周边乡村共同发展"①。它将城市与乡镇、工业与农业、城市居民与乡镇居民都作为一个整体进行考虑，促进城乡在发展中找到平衡的关系。同时，在城市化与城乡一体化的共同作用下，中国的许多城市和区域都在进行整合连片式的发展，城市群和城市带不断涌现。这样的汹涌趋势也正在验证斯蒂格利茨的预言：中国珠江三角洲在 2015 年已经超越日本东京，成为了世界最大的城市带；京津冀一体化协同发展在很长的一段时间都只是由相关三地各自表述的一个概念，2015 年 3 月国家颁布了细化到从规划总纲、实施细则和具体名录的顶层设计方案，很快就要付诸实施。

对于城市人而言，城市体量与级数的不断增加并不能从根本上提升人生理和心理上的基本需求，相反，很多时候它正使人在城市空间中原本应有的感受和需求被磨灭。不可否认，城市化 30 年的负面影响，已经在城市的各个角落不断显现。雾霾、污水、拥堵、治安等对城市的个体产生的是有形的影响；城市美感、城市形象、城市名片、城市文脉等对城市而言的无形资产也在不同程度地被削弱。龙永图曾说，对一个商品、一个人、一个民族、一个国家来讲，品牌形象至关重要。对于城市的管理者来说"科学经营城市，不仅要经营土地等城市'有形资产'，更要经营理念、规划、设计、品牌等城市'无形资产'②"。这些都提醒着城市设计的后来者，在城市化与城乡一体化的背景下需要更为慎重地处理空间问题，不断探索科学可行的设计方法。

1.1.1.2 艺术设计遭遇街道美学营造问题

（1）艺术设计遭遇街道营造困局

"街道的构成基本上是由视觉确定的，因此，形态的视觉法则很适用③"。由艺术设计的视觉法则来主导街道空间美化一直以来都是城市品质提升的一个重要选项。然而仅仅通过形态法则应对街道营造的现实问题，往往又显得捉襟见肘。杰克逊（J. B. Jackson）在《风景》（Landscape）中曾指出："城市只存在于搏动的街道、广场的生活美之中，艺术只能对精神的创造作某些装饰④"。从艺术设计的视角，我们首要的任务是从视觉角度完成"装饰"，这是学科的本分，然而很多实践的结果却显示，即使由艺术设计学主导的城市设计工程，在完成形式美的同时，对于解决城市人的问题也缺少有效的研究设计方法，这就直接导致了艺术设计主

---

① 张振龙，黄勇文. 城乡统筹背景下宜居村庄的特色塑造研究［A］. 多元与包容——2012 中国城市规划年会［C］. 中国云南昆明，2012.

② 王国平. 完善城市形象系统设计 打造无视觉污染城市［J］. 杭州通讯（下半月），2008（11）：5 - 7.

③ ［日］芦原义信. 街道的美学［M］. 尹培桐，译. 天津：百花文艺出版社，2006：55.

④ 刘宛. 论城市设计实践的作用与目标［J］. 国外城市规划，2001（2）：13 - 16.

导的街道营造活动有时不能很好地把控处理人与城市的和谐关系。

　　21 世纪前后，中国相关学术界开启了研究城市问题和城市空间形态的热点期。吴良镛先生认为："在趋同现象下，地域特色的追求、现代化的巨浪与继承传统文化的呼吁与努力，将构成当今研究的重要方面"①。街道范畴的城市设计，也是城市改变现有趋同面貌、树立真正的地域特质所需经历的必要阶段，它的成败也与居住者息息相关。如果说传统的城市设计是运用各种视角、各种尺度对建筑以外的环境进行合理组织，从中找出各种城市构成要素的基本规律与特点，形成可以实施的准则；那么艺术设计作为街道美学相关的研究者，也是在运用学科优势从艺术视觉方式的街道造物设计研究，使人的行为体验与审美愉悦双双得到提升。

　　街道的营造是一道复杂的综合题，艺术设计遭遇它需要拿出更多的"跨越式多元创新"。如果从雷圭元与陈之佛的"图案"教育算起，中国的设计已经走过了大半个世纪。设计的创新曾经一度被局限于传统装饰图案的"工艺美术"，如今这已远远不足以面对诸如街道美学营造这样的巨大挑战。越是面对综合问题的挑战，越能体现出在方法上打通学科壁垒的重要性，打破研究方法的一元化而尝试艺术设计以外的多元学科方法。横向比较在此领域取得成果的相关学科，诸如社会学、地理学、城市学、建筑学等学科的设计方法与创新理论，笔者发现其中有许多亮点与经验值得艺术设计研究来借鉴与结合创新。

　　艺术设计被认为是视觉的艺术，诗人福楼拜（Gustave Flaubert）曾经说：越往前，艺术越要科学化，同时科学也要艺术化；两者在塔底分手，在塔顶会合。科学理性的分析与田园诗人般的畅想，其目标同样都在于提高生活环境的质量，艺术设计与科学研究的现实表现关系也似乎不断印证着两者的殊途同归，它们都可以给人类社会以生活品质和秩序感（见图 1.1），而多学科有机结合的设计方法与应用的前景也十分令人期待。

　　中国改革开放以来，艺术设计已对街道空间问题进行多年实践。在对很多城市的设计实践与研究中，我们发现如果仅仅跟随城市管理者的思维，从艺术设计角度给出营造表面优美街道视觉体验的方案，虽然在表面上容易获得很多的认可，但对于街道的系统运行与一座城市的长远发展却有诸多局限性，尤其是围绕街道空间中的关键核心——人的空间营造潜力的挖掘远未开始。

　　（2）街道营造中人本多维性与视觉美学的冲突

　　中国城乡居民的生活品质已经从"生存型阶段"提升到了"发展型阶段"；保证与提升城市人在城市空间中的各种权益，满足与时俱进的需求，已成为新时

---

　　①　吴良镛，关于中国古建筑理论研究的几个问题［J］. 建筑学报，1999（4）：43 - 45.

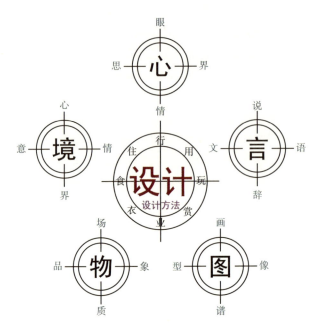

图1.1　艺术设计方法与造物创新活动的关系

资料来源：宋建明．"心""言""图""物""境"——中国传统图形与现代视觉设计关联问题的思考[A]．"岁寒三友——诗意的设计"——两岸三地中国传统图形与现代视觉设计学术研讨会，2004。

期中国街道空间营造品质与设施配置更新的必然要求。

街道是人类活动的重要公共空间区域，它的发展与扩张也是对人类各种需求的膨胀的现实反映。正是人类需求的多维性，决定了街道无论是空间形态，还是其间的各种视觉要素都需因此发生相应的改变与物质增减。而现实中街道面貌的改变，令人感觉到更多的是诸多不适：如缺陷的设施、纷乱的色彩、混乱的交通、无序的人流、嘈杂的街角、矛盾的标识等显性视觉问题。由于人们感受街道的途径绝大多数是通过视觉感知，而艺术设计则是通过研究视觉艺术运用美学规律，处理现实视觉秩序问题的学科，这些特征都决定了艺术设计介入街道问题具有很强的现实意义。除了显性的问题，还存在令人从行为、听觉、触觉甚至心理上都无所适从的隐性问题。例如，找寻熟悉的生活区域或已不再有空间的归属感；不断扩张和被改造的无序"生长"使城市失去历史的文脉等。如果以"人"的维度为坐标原点，人在街道中做的"事"为轨迹，街道中被视觉识别与功能运用的"物"为轨迹上的点，我们可以清晰地看到人本多维性与美学营造可以存在于一个和谐共生的结构（见图1.2）。

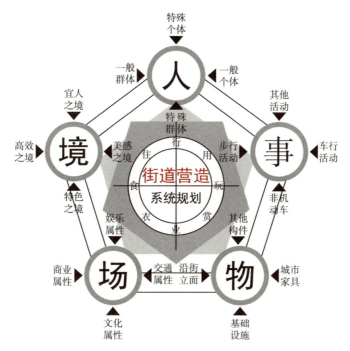

图 1.2　关于城市街道营造中"人""事""物""场""境"的关系

资料来源：宋建明．"心""言""图""物""境"——中国传统图形与现代视觉设计关联问题的思考〔A〕．"岁寒三友——诗意的设计"——两岸三地中国传统图形与现代视觉设计学术研讨会〔C〕．中国汕头：2004. 有改动。

1.1.2　研究背景

城市街道美学的营造研究主要是根据中国相关实践为研究对象，主要涉及艺术学、建筑规划学等其他学科。因此本书将从国内外的文献比对、研究历史及问题的现状三个方面来进行研究背景的表述。

1.1.2.1　基于国内外引文检索的研究背景

（1）国外文献综述

在对国外文献的量化比较分析中，笔者以汤森路透的 Web of Science 文献数据库为主要搜索源，搜索近年来入选 A&HCI、SCI、SSCI 的有关街道美学与城市家具的主要文献。为了全面地采集数据，这里选择从"街道空间"与"城市家具"两个主题进行渐进式的检索。

第一个检索主题是"街道（street）"，在该主题的 2400 多篇文章中，共有 200

篇提及"美学"（aesthetic），而以"街道""美学"为共同主题的共有117篇，近半数研究来自美国（33.3%）和英国（18.8%），中国只占其中4.2%。在学科分布上主要集中在公共环境职业健康学（public environmental occupational healt）、环境生态（environmental studies）、城市学与交通运输学等学科之间，而艺术学领域的相关研究不十分丰富。其中影响因子比较高的文章是探讨高品质街道景观与公众审美问题（Julier G，2005；Dwyer C & Jackson P，2000），还有许多文章阐述了街道种植植物与美学关系（Todorova A，2004；Sander Heather，2010）。在与本书更为密切的研究中，得到最高引用率的是从街道邻里空间角度论述步行可达性的研究（Cerin E，2007），以及关于字体与城市空间中的图形符号相结合的研究（Huerta R，2010）；从城市学角度研究街道视觉元素与人的审美回应的关系（Zhang H & Lin S，2010）也十分具有代表性。

它从一个侧面反映出外国在探讨街道美学方面的研究角度十分丰富，尤其集中在城市学、环境学、社会学等；与国内不同的是，国外学者对于街道空间中公众健康关注明显较多。同时，在焦点和角度的选择上也颇具微观和现实性。而与本课题相关的街道空间美学与城市家具相结合的研究并不突出。

在第二个主题"城市家具"（street furniture）关键词检索中，综合了相关词汇"urban furniture""public utilities""community facilities""public facility"，发现：从相关研究的贡献数量来看，可以分为三个梯队，第一梯队是英国，第二梯队中国以及美国，第三梯队是意大利、日本、西班牙、加拿大等；从学科分布来看，工程学（engineering）与环境科学生态（environmental sciences ecology）占据了一半之多研究成果，其次主要集中在城市学、建筑学以及公共环境职业健康学之中，而从艺术学角度切入的研究并不突出。其中英国学者赖特（Wright C，2002）在交通管理的学科角度探讨街道美学原则与城市交通及城市家具的关系，另有学者从城市形象评价与城市家具元素关系进行论述（Bayraktar N，2008），都十分有新意。同时，在相关外文文献的梳理中也表明有关城市家具的称谓以"urban furniture"这一措辞的使用更为频繁和普及。

（2）国内文献检索

本课题关于国内相关文献的搜索主要通过中国知网与维普及方正三个数据库为主要搜索引擎。从数据库统计日至2015年间，以"城市家具"与"公共设施"为主题的文章有8000余篇，经过筛选多义性的（广义）公共设施等内容，其中含有从美学或艺术设计角度论述的文章有约2000篇，如果继续检索与"街道"相关的主题内容，共有110余篇。

最早在中国重要期刊上从设计角度谈及公共设施一词的是1980年发表在《世界建筑》上的介绍美国小区规划的文献（边际，1980），这篇文章首次谈及了城市建筑与规划中配置公共设施的问题；而首次以"城市家具"为标题的文章出现在 1998 年（漆德琰，1998）；同时，没有正面提及公共设施但也在侧面探讨了公共设施设计问题的研究可以追溯到 1975 年关于新型公共汽车设计方案的研究（李念路等，1975）。而在 360 余篇被引用频率较高文章中，从城市文化影响（林佳梁等，2007）、工业设计（张东初，2003）、地区环境（谢如红，2008）等角度进行的探讨居多，其次还有从空间类型、艺术化公共设施（王中，2009）、标识系统（高祥冠等，2009）、色彩配置、人性化设计（廖晓宾，2008）、旅游产业等方面进行论述。在与街道相关的 110 余篇主题文献中，近七成的是出自建筑科学与工程，其次是艺术学，另外还有少数是出自管理（范艳华，2002）、经济、运输、交通、汽车等学科。其中被关注较高的相关文章多是从配合建筑的设计进行的街道空间中的物质规划（黄伟军，2005；徐煜辉，2006），另外还有城市与城镇不同街道形态的分析（罗梓鹏，2007；武贤慧，2008；杨素珍，2009）等。在建筑规划学科的持续研究成果中，东南大学城市空间研究所提出的我国城乡建设中城市空间科学发展观的相关框架和基本理论，阐述了以空间为主体建立跨学科协同整体研究方法（段进，2005），同济大学对于街道边缘空间构成元素的模式分析（唐莉，2006）也十分具有建设性。在艺术学领域，从 20 世纪 90 年代到 2012 年比较有影响力的相关文章，有近七成的论述内容是集中于如何将传统企业形象系统设计的方法运用到城市设计以及历史人文对城市街道空间、城市形象的影响等几个方面。国内关于城市街道问题的研究近年来成为热点。尤其值得关注的是，关于城市形象系统（成朝晖，2011）、公共设施中的标识导向设计，公共空间视觉识别设计，尤其是从街道空间进行公共设施设计的特点与原则归纳的研究（丁天军，2004）及公共设施系统设计研究（邵慧，2009；王昀，2014）等，都与本书的研究有一定的联系性。

　　从检索显示的研究热点发展期来看，城市家具或公共设施的研究从 1985 年初开始，呈现逐渐趋热的势头，在 2010～2013 年达到一个峰值，并持续到 2014 年开始趋于稳中有降的水平。研究的文献量主要集中在建筑规划和工业设计等学科，其次是管理、设计、环境艺术等。这些现象表明，中国关于城市家具的研究起步较晚，学术研究从"公共设施"走向"城市家具"可能用了近 20 年时间；公共设施的研究与国外的研究并不同步，总体来说英国在相关城市家具与空间的紧密联系的研究上较为领先，而且国外的研究中倾向街道元素构件的硬件技术相对成熟，与人健康生活相关的街道行为已进入较为深入的纵向研究领域。对于从艺术学的角度进行街道美学与城市家具规划结合的相关研究，国内外的研究都显得薄弱。我国在艺术设计领域的研究多集中于造型、色彩、人性化、功能等方面，而对于它与整体街道空间的美学关系，与空间中人的行为的系统分析与城市家具的创建相结合的跨学科、跨领域的研究并不充分。

1.1.2.2 基于城市规划与建筑设计的研究背景

街道的营造研究属于城市空间设计范畴，而涉及城市与街道的关系、街道空间形态以及街道中视觉要素（以城市家具为代表）的三个大方向的学科研究共同构成了本书的相关研究基础。在此类研究中，有多个学科直接或间接指向城市街道空间研究，相对来说成果比较多的还是集中在建筑学（城市规划设计方向、建筑设计方向）。国内外对于街道空间美学营造的方法研究的历史可以分为几个阶段，这些阶段都大致与城市设计和建筑规划设计方法发展方向同步，而且还与价值取向的发展趋势变化同步。具体分析如下：

（1）古典美学原则融入城市空间规划

在世界城市发展历程上，有意识地进行街道空间的美学营造活动可以追溯到欧洲 16 世纪的巴洛克风格城市的设计。这些城市进行了大量的步行道修缮、公共艺术品布置、地面铺装设计等建设手法，在这些设计中尤其强调几何形、图形规律、古典和唯美等营造原则，以期达到"创造一种城市物质空间的形象和秩序，来创造或改进社会秩序"①。这种从物质形态进行空间规整化的方法在早期欧洲城市被视为改善居民生活方式与间接塑造城市形象的一个有效途径。

到 19 世纪末，一批建筑师开始了从艺术视角审视城市设计的思考，这里最著名的是奥地利人卡米洛·西特（Camillo Sitte），他受到了这一时期盛行的物质决定论（physical determinism）影响，在 1889 年他出版的《依据艺术的原则建设城市》（*City Planning According to Artistic Principles*）中，可以很明显感受到，他所遵循的价值观基本是古典美学与建筑学结合，同时对街道空间的"视觉秩序"（visual order）有了比较明确的认识；他在文书列举了许多欧洲城镇的实例，站在建筑学的视角率先提出人、环境与人的活动及感受之间的协调，建立多边的城市空间，并实现空间与人的活动有机互动；另外他也直接总结与分析了一些街道空间受到欢迎的原因，并开始以美学的原理详细列举相关艺术造型形式，总结空间的艺术规律。正如他本人提出的关于城市设计的评价："城镇建设除了技术问题，还有艺术问题"②。

（2）机械的功能主义主导城市空间规划

20 世纪 30 年代的以勒·柯布西耶（Le Corbusier）为首的一批城市设计先驱，

---

① 曹巧兰. 城市审美形象研究［D］. 南京：南京师范大学，2006：7.
② 曹芳伟. 基于环境行为学理论下的城市街道研究［D］. 合肥：合肥工业大学，2009：23.

将功能主义的影响扩展到全世界的城市版图，街道的变化也毫无例外地受此冲击：着眼于物质和短浅规划目标，街道的布置越来越机械，城市人的生活也因为城市功能割裂的整体格局受到了许多负面影响，如果说"房屋是居住的机器"，那么城市也成了柯布西耶眼中一部巨大的机器。打开这部机器，我们会发现人们的工作、生活、娱乐、休憩都被精密地镶嵌进了一个个功能性的小盒子中，成为一组组独立的城市零部件。而在 1933 年现代建筑国际会议（CIAM）发表的《雅典宪章》里，这一时期世界建筑规划设计的工作被归纳为强调四大功能（居住、工作、游憩与交通），其中交通功能这方面在之后世界各地的城市道路建设上不断被机动车路权所强化。这些因素使得当时的城市街道空间及其物质设计也更加倾向"机器"式的功能。比较有代表性的设计为 1925 年的"伏埃森规划"项目、勒·柯布西耶 1922 年的《明日的城市》作品等。

在这一时期，出现了中国近代最早开始关注空间美学问题的景观建筑学学者，民国时期当时留学归来的陈植①先生在 1928 年的《东方杂志》上曾说："美为都市之生命，其为首都者，尤须努力改进，以便追踪世界各国名城，若巴黎、伦敦、华盛顿者，幸勿故步自封，以示弱于人也②"。陈植提出"美为都市之生命"也宣告中国近代开始对城市美学形象进行了思考。

（3）在反思城市现实问题中重组人性空间

20 世纪 60 年代，以美国为代表的近三十年城市更新计划（urban renewal program）已经将功能主义的城市设计推向鼎盛期。在这一时期，新时代的工程技术与社会经济迅速结合，城市的功能主义营造模式如同套娃般照搬、蔓延，虽然解决了一部分土地使用、公共服务设施、新老城市空间的利用更新、交通拥堵等迫在眉睫的城市问题，却也成为新问题出现的隐患。直到《美国大城市的生与死》的作者简·雅各布斯（Jane Jacobs）女士发声，才开始真正唤起学界和城市管理者们对城市发展及城市设计定位问题的思考。作为一名城市规划师同时也是一名女性，她以普通城市人的感知及女性特有的细微观察方式开始了对城市相关设计学科的批判："城市规划及其同伴——城市设计中伪科学，至今还未突破那些似是而非、以愿望代替现实、却又为人们所习以为常的迷信；过分的简单化和象征手法，使城市设计至今还没有走向真实的世界③"。她在这部书中选择的第一个批判视角就是街道空间的设计，甚至用了此书开篇一章的三节篇幅来分析城市街道人

①　陈植为中国近代造园学奠基人，指导策划了多个城市空间的设计，众多著作尤其以《都市与公园论》及《造园学概论》最具影响力。

②　赵静琳．城市 CI 管理应用研究［J］．青海民族研究，2003（4）：40 – 43.

③　［美］简·雅各布斯．美国大城市的生与死［M］．金衡山，译．南京：译林出版社，2005.

行道设计问题，犀利的洞察力揭示了传统街道的"自我防卫"① 机制，点明了当时城市规划存在的方向性问题，给了后来者极大的启示，此著作整理的城市病症至今也是城市管理者不可回避的问题清单。几乎在雅各布斯点评的同一时期，1953 年由几位关注城市扩张负面问题的建筑师成立的著名小组（Team X）认为，城市的空间设计首要的任务是处理人对环境的视觉感知及其他感知的总体关系，同时根据人对时空的感知，创造更加舒适的空间感受。他们首次提出将创作城市空间与城市人紧密结合。

（4）价值中立的城市空间研究法不断涌现

城市设计学界对于城市问题的发生在经过前一段时间的反思后，出现了重大的分享性转变；同时随着城市设计实践的增多，城市病症在欧美国家持续受到各界关注，多学科介入城市问题研究，研究角度和深度都有了很大扩展和提升，出现了一批对街道空间的设计影响深远的研究成果。

首先是大的学术背景的转变，1977 年国际建筑协会（CIAM）在《雅典宪章》的基础上发表了《马丘比丘宪章》，后者是对前者的进一步提升和修正，城市设计的基调开始转入研究人与城市的互动关系，更多地重视多功能的生活环境与社会交往空间。这是对近半个世纪的城市规划原则的反思，《马丘比丘宪章》指出了原规划原则应对城市新问题的诸多不适应，提出应当把功能主义割裂的城市空间有机地、综合地组织在一起，表达了未来城市设计从"机器"功能向塑造人性宜居空间目标靠拢的美好愿景②。

英国哲学家休谟（Hume）认为，不能简单从"是"与"不是"推导出"应该"与"不应该"，而是要保持价值中立进行独立的研究论证，减少他人价值观的影响。20 世纪 70 年代末，出现了许多价值中立的新城市空间设计方法，这些方法的诞生没有受到前期城市功能主义的巨大影响。

例如，1979 年日本的芦原义信相继出版了《街道的美学》《续街道的美学》。他巧妙地用格式塔心理学中"图底关系"与其他城市空间与建筑相关理论来解释"墙"外的空间设计现象（以街道空间为主），在这些现象中比较东方与西方不同的表现，尤其是日本与西方国家在民族性、文化性和空间美学方面的不同立足点；在案例分析中也尝试将这些外来空间设计方法与日本固有的传统文化相结合，创造更好的空间环境。英国学者希列尔（Hillier）于 1983 年首次提出"空间句法"理论；在之后的几年彼得·卡尔索普（Peter Calthorpe）又在上述研究的基础上提出了 TOD 发展模式，在城市规划上主张通过采用道路网格化、功能混合使用、居

---

① ［美］简·雅各布斯. 美国大城市的死与生［M］. 金衡山，译. 南京：译林出版社，2005：36.
② 程世抚. 读"雅典宪章"和"马丘比丘宪章"有感［J］. 城市规划研究，1980（4）：1－2.

住区内步行可达、设施的开放等回应传统的以汽车使用为主导的街道空间发展模式。这个发展模式从结构形式上发展了 1929 年科拉伦斯·佩里（Clarence Perry）提出的"邻里单元"（neighborhoods unit）理论。

到了 20 世纪 90 年代，丹麦的扬·盖尔教授进行了关于步行都市方向的研究，在 1996 前后他组织丹麦皇家建筑艺术学院学生对丹麦哥本哈根市的大量街道和广场进行了详细研究，这些研究资料都记载于他的《交往与空间》一书中。他以空间与人的关系来提出对空间设计与物质规划的研究，最终期待的街道空间是适合人的尺度，而研究行走成为了让街道从机动车尺度中走出来的一个起点①。随着对郊区无序蔓延带来的城市问题形成的新都市主义（new urbanism），美国的罗伯特·瑟夫洛（Robert Cerveo）又进一步提出城市街道应以完善的公共交通服务体系来指导规划的"公交都市"（R. Cervero，1998）理念，将街道的空间与人的行为密切相连。

在中国街道营造的主力学科建筑学领域，以吴良镛为代表的中华人民共和国第一批建筑学家 1999 年发表了具有里程碑意义的《北京宪章》，在这部被认为可与《雅典宪章》《马丘比丘宪章》并称为三部影响城市建设发展的宣言中②，出现了跨学科的"广义建筑学"研究思路，这也是本课题语境构建的一个基础。近百年的城市建筑发展史中，建筑从业者不断开拓进取，尤其是 20 世纪末期，建筑大踏步地融合了新科技、新技术，专业分支的纵向研究不断深入和强化；然而这样的变化削弱了其回应复杂而综合城市问题的能力，在很大程度上离它的核心价值越来越远。

1.1.2.3　周边其他相关学科的研究背景

除了以上城市规划与建筑设计是街道问题研究的主阵地，地理学（城市地理学方向）、法学（社会学方向）、经济学（公共经济学方向）、管理学（行政管理学方向）等几个学科，同时新兴学科人居环境学、城市学，都表现出对此方向的一定研究兴趣，这其中尤以从城市建筑角度和从城市规划的研究为多数。另外也有许多学科对街道与城市、街道与区域的组合关系以及街道上的公共服务设施规划等方面进行了相关的研究。

（1）基于新视角的学科研究

1912 年美国学者戴蒙德（Diamond）在参加一次规划设计竞赛中首次提出了公共服务设施配置的思想③，他也成为国外最早关注公共服务设施配置研究的学

---

① 陈李波. 城市美学四题 [D]. 武汉：武汉大学，2006：111.
② 林琳. 江浙地区现代滨水建筑的地域性设计方法研究 [D]. 南京：东南大学，2012：18.
③ 沈山，秦萧，孙德芳，等. 城乡公共服务设施配置理论与实证研究 [M]. 南京：东南大学出版社，2013：13.

者之一，对街道空间的物质规划的出现起到了重要的开拓作用。此后，各学科都开始关注城市空间中的各种公共服务设施的需求预测、选址、布局等，这对街道空间物质规划的研究方法拓展了量化研究视角。而1917年，德裔美国科学家库尔特·勒温（Kurt Lewin）首次借用物理学的"场"在社会学的角度提出了人的"心理场"，对后来城市空间关于"人的场境"的研究起到了重要的奠基作用。

二战后的许多城市百废待兴，催生了物质空间（physical environment）规划的需求，城市空间规划的人性化趋势得以在这一时期充分展开。与此同时，系统论、控制论等科学的兴起为空间研究提供了更多的新方法。例如，美国耶鲁大学的凯文·林奇（Kevin Lynch）教授自1961年出版的《城市意向》到1981年的《城市形态》，从空间中人的体验角度研究空间特征与空间变化，归纳出诸如"五大环境要素"（主要是从人对于街道空间的识别角度）、"良好城市形态的标准"等基本观点。他的研究十分注重空间中人的感知，并且这一理论至今为许多艺术设计学者所推崇。这种将城市空间与人的主观感知联系起来的方法，成为街道空间的相关研究中艺术设计学科介入城市空间的理论方法依据之一。

在行政管理学科领域，由于受计算机技术及信息技术浪潮的影响，20世纪80年代前后，城市街道研究在城市规划领域、行政管理领域等出现了公共服务设施配置（以下简称公服设施），研究开始转向设施配置模式、可达性分析、多目标空间优化配置和设施配置评价等方面的探索。

在人文学科研究领域，1966年，日本也出现了源于当时日本农村生活环境整备运动的生活圈理论，从规划学和社会学交叉视角审视生活圈域对城市区域的影响。另外有关城市街道空间与本研究密切相关的另一个热点是"城市形象"。国外学术理论研究领域自20世纪50年代开始，更多地把城市形象塑造作为城市美学和城市景观美学的一部分来研究，尤其没有形成城市形象科学的独立研究体系。直到70年代中期，以日本为代表的一些学者才提出"城市形象塑造"概念，并进行深入研究和探索。

在我国社会学领域，张鸿雁将城市的形象与文化类型进行比较研究后，提出"中国城市本土化形态"以及"城市文化基因"等概念，从城市发展战略的宏观层面，丰富了街道空间设计与社会学关系的研究。2000年前后，中国台湾学者毕恒达在《物的意义——一个交互论的观点》等著作中，从传统心理学的角度提出"空间不应该只是美学作品，而更要有人味"，呼吁人与空间的和平共处。

其他还有关于街道的物质规划，尤其是城市家具设施配置设计的重要学术研究来自经济学、地理学、管理学等，通过表1.1可以看到梳理后的相关中外学科研究的不同现状。

（2）基于新学科的相关研究

本书的研究内容也涉及一些新兴的学科，这些学科以其独特的研究视角，为街道空间与其物质规划的内容开启了不一样研究轨迹。

表 1.1　　　　　　　　　　国内外各学科关于街道城市家具资源配置的研究比较

学科视角	区域	关注重点	研究方法、模型	代表人物
经济学	国外	设施配置效益评价、设施配置的影响因素、设施配置的公平与效率	线性分析法、需求曲线	格林赫特（Greenhut M. L.，1980）；鲍尔（Ball G. G.，2007）；弗兰克·J. 切萨里奥（Frank J. Cesario，1976）
	国内	公共服务区	分异指标（ID）	李纳敏（2009）
地理学	国外	空间分布、设施选址、空间分异	基于交通可达性的线性规划方法、基于 GIS 技术的多目标优化模型、GIS 和空间分析模型	奥卡福尔（Okafor S. I.，1981）；伯利安特（Berliant M.，2006）；卡尔森（Caslson C.，2011），
	国内	设施空间分异、设施供给机制、设施选址、设施优化布局、设施可达性研究、设施配置评价	问卷调查法、实地调研法、统计分析法、地理元胞自动模型（GeoCA）、Voronoi 图法、GIS 空间分析、潜能模型	高军波（2011）；晋璟瑶（2007）、陈伟东（2008）；林康（2009）；刘萌伟（2010）；马慧强（2011）；王远飞等（2005）
规划学	国外	设施空间布局、设施管理、设施可达性、设施配置层次、多设施协同规划、多设施整合规划、设施服务范围、空间组构	基于排序的概率定位模型、基于网格点集的面状交叉口模型（PINPS）、两步移动搜寻分析方法、空间句法	罗伯特（Roberto，2004）；尼普（Nip D.，2009）；米切尔·兰福德（Mitchel Langford，2008）；希利尔 Hillier B.，2005）
	国内	服务设施的满意度和需求愿望、公共服务设施整合规划、设施配套模式、公共服务设施城乡统筹规划、人文与规划	问卷调查法、实地调研法、案例分析法、GIS 空间分析和设施布局模型、因子分析法、定量分析法	杨贵庆（2011）；覃文丽（2011）；肖晶（2010）；韩传峰（2004）；李包相（2007）
管理学	国外	设施选址、设施管理	混合整数、多目标规划的方法	阿尔萨达 - 阿尔梅达（Alcada-Almeida.，2009）；尼普（Nip D.，2009）
	国内	设施均等配置、设施优化配置、设施配置差异	定性研究法、网格配置法、最大覆盖模型（MCLP）、Topsis 法	李敦敦（2010）；张晓（2011）；刘劲松（2009）

续表

学科视角	区域	关注重点	研究方法、模型	代表人物
艺术学	国外	街道外观形态与相关文化背景、内在文化语境跨区域对比分析	比较分析法	雅各布斯（Jacobs A. B., 2009）；芦原义信（1980）
	国内	以视觉形象为主导的城市品牌形象、单体城市家具产品设计研究	实地调研法、比较分析法、形象思维法	成朝晖（2009）；丁天军（2004）；马泉（2011）；王昀（2013）

资料来源：沈山，秦萧，孙德芳，等. 城乡公共服务设施配置理论与实证研究［M］. 南京：东南大学出版社，2013。

19 世纪末诞生的城市形态学（urban morphology）起源于中欧的德语国家，二战后英国成为研究集中地，之后是美国。德语国家的研究重点是每一块地内的城市物质形态；英国的研究重点是物质形态的历史和发展以及其社会经济原因。长期以来城市形态的研究对于街道形态的研究有着较为系统的分析方式和类型的划分，对城市街道路网的演变与城市发展的关系也有许多学术成果。

1954 年，在社会学相关研究的基础上出现了人居环境学（the sciences of human settlements），又称人类聚居学。它是一门年轻的学科，虽然创建不足百年，但它从一开始就强调整体性研究人类与其居住环境的关系，以人类聚居行为与空间的互动作为主要研究任务。而不像社会学、城市地理学、人类学等学科只从一个方面的侧面进行"切片式"断层的研究。人居环境学的研究内容主要包括五大方面，其中就有与街道密切相关的城市、社区、建筑三个方面（另外两个方面是全球与区域），对于探讨街道空间的社会性有较为深入的研究。

近些年来，城市学（urbanology）也成为一个新兴热点学科，它是从总体上研究城市的产生、运行和发展的综合性学科，与众多分支学科不同，它的出现似乎被簇拥在各种城市相关学科之间，起到了一个牵头的作用。在用宏观视角剖析街道空间与城市大环境的逻辑关系上，城市学有着先天的研究优势。

从相关学科与本课题强相关的角度梳理的学科语境和研究要点可以看出，围绕城市街道的提升，有许多综合的问题需要被剖析和解决。美学的营造离不开现有问题的总体框架，同时由于美学学科的属性，它在城市街道营造方面的思考需要总结新的方法（见图 1.3）。

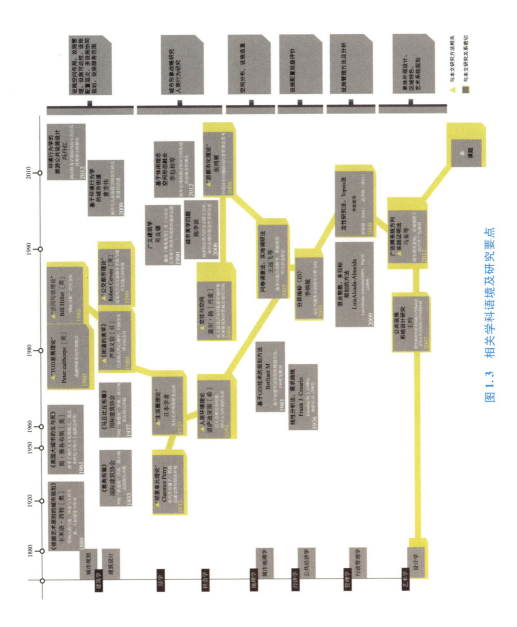

图 1.3　相关学科语境及研究要点

1.2 研究的现状与问题

1.2.1 中国街道营造的进程与现状

中国的城市街道随着城市的崛起而逐渐扩张，从数量上以惊人的速度紧跟城市化步伐。在城市空间的质量上，街道空间的面貌也与我国的发展水平与城镇居民的生活需求有着十分重要的联系，而在每一个阶段上，街道的相关表现都处在一种努力追赶需求的被动规划设计之中，实施的情况不尽如人意。具体可从中华人民共和国成立以来的城市街道相关规划和配套设施配置的发展来看，基本的现状与发展可以归为以下几个阶段：

第一阶段：20 世纪 50 年代，街道营造与配置按照苏联模式，以配置日常使用的服务设施为主。这个时期中华人民共和国成立伊始，受到国际大环境与政治背景因素的主要影响，我国的许多规划及设施配置的思路和指标参数都是学习借鉴苏联的执行标准结合我国实际情况。这一时期的街道设计，主要是满足基本户外生活，属于保障型的空间与配置设计，与现在相比，当时街道中的服务设施配置十分欠缺，许多城镇甚至还未开展街道营造的相关规划与配置工作。

第二阶段：20 世纪 80 年代初，建立了居住小区式的街道配套指标体系。1978 年以后，我国进入改革开放的新时期，人们迫切需要生活水平的改善，我国再次根据现实国情制定了以居住小区居民为主诉求群的街道配套设施设计体系与相关指标，按照小区的面积和居住人数来设计空间及配套设施。相较于 20 世纪 50 年代的街道建设配置模式，此阶段增强了区域服务功能，同时实施性也相应增加，但是这与迅猛的经济发展势头相比还是有很大不足，许多小区的建设与配套未能达到居民的需求[①]。

第三阶段：20 世纪 80 年代末 90 年代初期，我国街道形态变化增多，且配套设施趋于完整。这里具体的表现是城市街道空间的元素不断丰富，街道中不同服务设施的品质明显提高，街区内配套设施功能也有了新的拓展，街面的商业元素增加吸引了更多城市人的活动，交通工具增多和通行能力提升带来了更多相应街道设施需求。一批特色街、商业街在 90 年代初也悄然兴起，极大地丰富了街面空间形态和人们的文化生活需求。

第四阶段：20 世纪末期以来，街道的营造从福利型转向服务型，对街道美学

---

① 巫昊燕. 基于城市分级体系的城市公益性公共服务设施规划研究 [D]. 重庆：重庆大学，2009：33.

品质的要求日渐被关注。我国住房体制的变迁催生了中国商品房的不断高企，政府和房地产商建造了不同层次人群适宜的小区楼盘，而这些区域的街道随着不同区域定位和需求进行相应的配置建设。同时这也是我国街道面貌转变最大的时期，城市在相应的配置理念上已经从民生福利型转为社会服务型；建设的过程不仅仅是国家宏观的大型布局和行政规模化实施，而且还有了更多的细分市场因素考虑；城市街道的配置也出现了区域特色和区域形象的精神层面之审美需求；在市民口中，指称一些公共设施为城市家具这样更为亲近的名称，这间接体现了我国街道设施的人性化改善与进步。同时，这一时期至今，也面临着汽车都市、接轨人口老龄化、城市空间稀缺等现实城市问题与矛盾的挑战。

这一时期的街道区域规划配置的特征：街区功能布局灵活多样，开发受策划定位观念影响；街道出现了各种表现形式，如特色商业街、步行街、单向通行街道；街道设施的规划配置理念上从保障型升级为服务型；街道相关设施的管理也引入了第三方管理，商业投资也加入设施的运营。满足城市居民基本户外需求的同时，带动了地区市场经济的发展①。

在以上城市发展状态分析的基础上同时比较我国城镇街道营造的现状，我们发现，我国小城镇街道的营造并不均衡，沿海地区与内陆地区在营造规模和品质上都相差较大，例如东部沿海经济发达区一批小城镇甚至接近邻近城市水平，如广东中山小榄镇、深圳东岗镇、浙江台州路桥镇、温州龙港镇等，与此同时，也存在更多的城镇自发建设或者还没有很好地开始建设就步入周边城市化的轮廓线。鉴于现在全国各地开展的连片发展的城市圈、城市群的趋势，这样的城乡空间差距还有相当大的提升余地。

1.2.2　中国现代城市街道的问题

中国城市在 20 世纪 90 年代初期开始进入一个迅速发展的时期，旧城区改造，新城区创建，城市区域扩张，城市人口流动增多，国际交往日益频繁。例如在城市人口增长方面。如按照《杭州市城市总体规划（2001—2020 年）》人口数的标准，今天的杭州早已超过 2020 年人口规划的上限——820 万人。而在城市化速度方面，2005 年我国的城市化水平达到了 43%；而这一数据在 2000 年还只有 36.1%，相当于每年增长近 1.5 个百分点；截至 2007 年，我国的大大小小的城市数量已达 655 座，比改革开放初期增加了 460 多座。宏观地看，我国已进入"城

---

① 沈山，秦萧，孙德芳，等. 城乡公共服务设施配置理论与实证研究 [M]. 南京：东南大学出版社，2013：93.

市快速发展的第四波"①。在这一时期逐渐呈现一体化与级差化并存的状态（图1.4），一方面城市向乡村一体化扩张蔓延，另一方面同一行政级别与不同行政级别的区域差异也存在分化。城市与城市之间存在质量的差异，城市与城镇之间更有许多亟待解决的鸿沟。

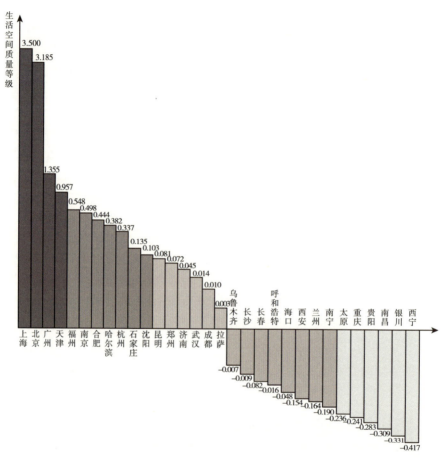

图1.4　中国部分城市2001年生活空间质量指数排序

资料来源：王兴中. 中国城市生活空间结构研究［M］. 北京：科学出版社，2004：15。

经过系统梳理，本书将中国街道的空间美学问题概括为以下几个方面：

（1）街面同一化与分区绝对化并存，缺乏活力之美

现在国内城镇的街道面貌毫无特征，即使在比较发达的都市，也很难再区分

---

①　Knox P L. *Urbanization：an introduction to urban geography（Second Edition）*［M］. New Jersey：Prentice Hall. 2005，150 – 157.

地域的特色。极端的功能主义的设计趋向为城市病症的产生埋下了隐患。德国哲学家奥斯瓦德·斯宾格勒（Oswald Spengler）曾说，只有作为整体、作为一种人类住处，城市才有意义。在城市的规划过程中，设计者过于强调功能分区，而绝对化的功能分区，割断了空间中本应具有的内在联系，造成了城市功能单一化。这一点也有美国的城市问题专家认为，商业区和办公区的绝对化的功能划分会导致城市功能的单一化。"社会性的贫民窟"① 就是由于绝对化的功能分区营建出的街道构成的社会"死角"。中国的许多街区，尤其是现在的新城设计，借鉴了国外现代主义的设计风格，也引入了功能分区明确的规划思想，这样组成的街道路网从宏观上阻断了街道应有的活力与可持续性。

（2）街道整体设计唯视觉化，忽略人性之美

中国改革开放后十年间，大批的城市开始崛起，如同 20 世纪 60 年代美国的那场"城市更新运动"（urban renewal），它极大改善了城市空间环境，提高了城市生活品质。然而过分表面化的更新整改，使得很多城市出现了一些"门可罗雀的广场""水土不服的大型城市雕塑""单调整齐的道路"等。这些仓促上马的整改举动，劳民伤财，不但没有实际拔高城市形象，反而弄巧成拙，成为城市空间中一处处的败笔。由于视觉效果的表面建设以及不合理的公共设施配置，没有从深层次思考人与街道的重要关系，不但造成了政府公共资源和资金的浪费，同时也让人在街道中得不到良好的服务，满足不了人由于社会经济发展提出的新需求。

（3）街道交通定位偏离空间特征，缺乏活力之美

城市逐渐成为汽车的都市，汽车成为建构街道空间的主要考虑因素。各种街道都为机动车的通行大开绿灯，街道拓宽的代价是机动车道不断挤占绿色交通空间。历史总是惊人的相似，半个世纪前的美国也遭遇了这种境况。简·雅各布斯在《美国城市的死与生》（*The Death and Life of American Cities*）中严厉批评了现代主义发展模式，她认为当时"以小汽车为中心"的城市规划思想严重破坏了传统城市的结构和社会生活，提出了通过多样化的小街区形成土地混合利用的思想。

与此同时，很多都市人对空间的体验和认知几乎都只在车窗内完成，难以有人与人之间、人与街道空间之间场所内的互动。扬·盖尔在 1996 年对丹麦哥本哈根做的整个都市的步行可行性调查也印证了此项问题的严重性。缺乏人与人、人与街道空间的互动，成为直接导致整个城市空间缺乏生机的重要原因之一。

---

① ［美］简·雅各布斯. 美国大城市的死与生［M］. 金衡山，译. 南京：译林出版社，2005：37.

（4）系统设计与管理长期缺乏支撑，难维持续之美

中国街道美学问题的产生，盲目的城市化是一个主因，设计管理方式是次因。正如一位学者认为传统建筑在现代主义与包豪斯风格之间日渐式微[①]——这是设计管理长期缺失的一个表现。街道所应具有的特色与传统也在消失，在整个营建过程中，没有有效的指导，没有有效的管理，完全被冷漠的现代感或实用正义所吞没。

在街道的公共服务设施方面，许多城市家具都是在各个部门的独立督造下摆布于街道之中，城市形象的管理主体——政府机构在规划与管理实施上存在多点共管、各为其政等问题（图1.5）。没有一个统一的组织或管理机构来具体调配与整合这些行为和现象，也在一定程度上催生了今天街道的乱象。建立类似城市形象设计与管理的专项机构一直贯穿于街道营造的始终，已是城市管理者亟须考虑的选项。

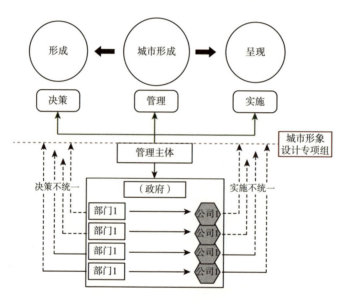

图 1.5　政府管理割据与城市形象营造的困局

资料来源：梁勇（2010）。

1.3　研究范围和研究目标

1.3.1　研究范围

本书研究的焦点是通过分析人的行为，研究提高街道空间及其造物活动美学

---

① 郑巨欣. 为生态正义而管理设计［J］. 装饰，2014（8）：58－61.

品质的方法。

街道空间一般意义上是指由道路与两边连续不断的建筑围合而成的空间区域，承载着城市人日常生活、休闲娱乐等诸多切实需求；它与建筑、广场、公园等城市空间一起共同搭建出了城市视觉形象，对城市文化的形成和品质的塑造也有着直接的影响。其中的"物"是指街道中的各种视觉要素，如城市家具、市政基础设施等。它是构成城市视觉秩序的重要元素。

本课题的学术涵盖多个学科，主要是以城市艺术设计为核心。城市艺术设计是艺术设计学科发展的一个新的概念。主要是设计艺术学科和城市规划学科交叉创新的体现。同时，本课题还涉及行政管理学，城市文化、城市社会、城市经济、城市地理、城市交通等学科。

1.3.2　研究目标

1.3.2.1　理论研究目标

第一，为城市街道塑造其应有的城市形象做出总体艺术设计方面的理论研究。

第二，建立城市空间（街区为主）的理想形态模型的国内相关领域的新研究方法。

第三，以艺术设计的原则整合和再分配城市空间形象资源是城市规划理论的重要补充。

1.3.2.2　实际应用目标

第一，依照街道的类型研究不同分类的街道美学营造模式方法。

第二，为城市管理者在城市形象策略上的制定、管理、实施做出系统性的指导。

第三，增加有关街道空间中城市家具的创新设计与科学规划的设计与实施的实践。

1.4　研究结构与方法

1.4.1　基本研究框架

在街道空间范围，为城市塑造其应有的城市形象，做出总体艺术设计方面的理论研究；建立城市空间（街区为主）的理想形态模型；实践城市设计艺术规划领域的新研究方法，使之成为城市设计实践理论的补充；以艺术设计的原则探索指导街道公共服务设施的整合与再分配的方法（图1.6）。

1.4.2 重点研究内容

（1）城乡一体化统筹发展背景下，对区域城市形象整体空间营造的方法探究

城乡一体化建设，使城市、城镇、农村之间的差距逐渐缩小，尤其是在沿海发达地区。这种缩小不仅体现在居民生活消费水平，也体现在城市之间一体化统筹发展的程度之上，而城市街道空间的系统规划对于城市形象有着决定性现实意义。沿海城市是中国经济一批"先富起来"的地区，城乡一体化程度较高，相关问题的表现也较为具有代表性。本研究在理论研究开始之前，就在实践中对该区域的城乡街道进行了一定的方法尝试，为系统研究美学营造的方法奠定了基础。

（2）城市空间中有关城市街道的设计造物的调查研究工作

研究街道的形象如何统一营造的问题，涉及空间、造物以及城市的主体——人。课题以人的活动辐射覆盖的城市空间为研究重点，而街道中"物"的现状及相互联系是相当重要而基础的工作。在"造物"层面，兼顾空间中"物"存在的内因，有助于为城市形象空间营造的系统规划打下扎实基础。人在空间中的活动表现丰富，以运动为例就有步行、奔跑、骑乘等，为这些运动设计的物也相应出现。然而，遗憾的是，现今的城市空间营造的规划设计职权不但被行政分管部门割据，而且从实施效果上看，各部门主导的街道改造水平及风貌极不协调，某种程度上对一体化营造城市形象产生了越来越严重的破坏。同时，对于城市街道空间的物质调查是做好这一方向具体公共设施产品设计的基础工作，此项调查的结果作为第一手资料，将会对设计者与城市管理者面向未来的造物创新起到十分积极的推动作用。

（3）研究中国街道空间美学营造的基本设计原则

笔者所在设计团队成功地主导了杭州"十纵十横"城市形象的空间营造，在这项案例的研究基础上，继续深化总结、归纳出系统的设计原则将是一项非常有实践意义的理论。将原本由各个政府分支机构的管理设计造物活动，重新回到艺术设计的统筹规划设计中来，现在也成为目前诸多城市效仿的成功设计管理经验。以这些实践积淀，探讨街道空间美学营造的设计原则也将对全国城乡地区顺利高效地开展城市营造产生十分积极的影响。

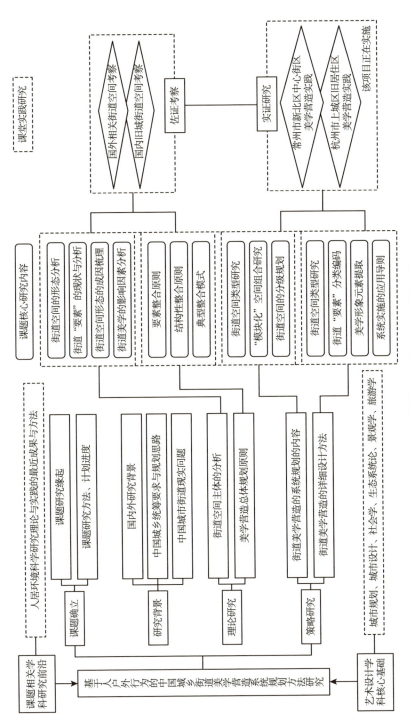

图 1.6 课题技术路线及主要研究内容

23

（4）建立中国城乡街道理想系统模型，同时结合产业进行成果推广

在实践和调查中建立中国城乡某些特色街区的生活形态模型，对于城市形象混乱问题比较突出的区域进行详细研究。系统的详细研究包含公共设施、公共艺术品，也包括建筑立面、构筑物、水电系统、景观设计等相关元素。这些元素作用于生活在其中的人，功效不是简单地功能叠加，有时也会对人的行为产生负面影响和制约。如何引导这种影响，把它的负面作用降到最低，这就需要积累和构筑城乡街道理想的系统模型，不断改善和调整更适合于人的街区空间与物质品质，这将是笔者所要从事的长期而复杂的研究。

同时，本课题在构筑某些区域的生活形态模型的研究过程中，也会相应开发设计系列城市家具产品。根据不同空间形态模型，设计出适合的城市家具系列产品。如果时机成熟，不仅将系统规划的方法推向街道的建设管理，同时也将在此基础上寻求市场合作，进行城市家具设计新成果的生产。

1.4.3 研究方法、技术路线

1.4.3.1 研究方法

本书的研究方法有理论研究法、实地考察法、调研法、比较研究法。本书按照研究的对象分为以下几个研究方法：

（1）综合交叉学科理论的综合方法

整个研究涉及建筑学、城市学、行为学、社会学等多个学科的理论，各学科的研究成果综合有关街道空间与空间要素的配置内容时，运用了许多有益的研究方法。

（2）基于设计艺术形态学的归纳法

从艺术设计学科中特有的形态学理论对街道中的视觉物象进行基于形态的分类，而不是仅仅依照普通功能区别进行分类，为进一步系统整合城市家具搭建了新的研究基础。同时利用数字编码的归纳与运用等，也是本书设计方法上的一项创新。

（3）基于设计实践测试的实验法

艺术设计的理论基于实践活动创生的例子有许多，本书所研究的城市问题正是基于在实践中遭遇的具体问题提出的理论，并且研究相关方法。在整个课题研究过程中始终贯彻理论与实践的交互论证，使得理论更禁得住考验，实践更接近问题的解决。

（4）文献研究法

文献的研究使得本研究的开启有了更多有益的研究支撑，业界及跨界的学者对相关研究的科学积累为本研究的成形提供了相当重要的基础数据，甚至重要的研究方法。例如，空间句法正是在文献研究方法运用过程中被重视，并且运用到本课题的研究方法之中。空间句法在城市设计中既是一种理论也是一种方法，本课题借鉴了城市规划学中的空间句法与社会学中的邻里中心概念，进行了街道路网与独立街道空间的结构研究，以达到研究的整体和全面。

1.4.3.2　技术路线

本研究的特殊技术路径可以用图 1.7 来概括。

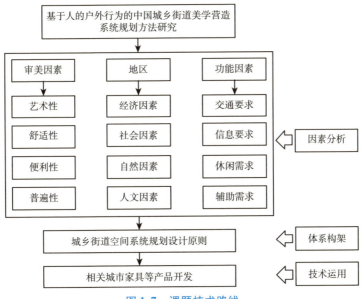

图 1.7　课题技术路线

通过前期的文献分析研究，可以看到本书所关注的问题是美学营造与城市家具系统规划两条主线，因此主要通过双线研究，城市家具系统分析建构为基础性研究主线，而规划方法合理性研究则为进阶的核心研究主线。在城市家具系统分析建构方面，主要通过城市家具的种类归纳、街道网络的图谱建构和城市家具空间落位的描述方法三个主要研究内容展开，并且为下一阶段的街道空间中城市家具系统规划方法的演绎打下研究基础。在下一阶段关于规划方法研究方面，主要通过宏观规划方法研究、中观规划方法研究和微观规划方法研究三个阶段进行。这一阶段分别从空间的块面、线性、点状对城市家具进行从空间总体布局到节点整合配置以及单体细节形态进行研究推进。

1.5　研究价值及难点

1.5.1　研究价值概述

关于本研究的价值和实际意义可以归纳为以下几点：

历史价值："高品质城市空间形象塑造"是中国城市化进程中一个亟待解决的难题。

理论价值：为街道空间塑造其应有视觉形象做出总体艺术设计规划的理论研究。

社会价值：增强城市软实力，创造民众所期盼的高品质、具有持久活力的城市生活空间。

管理价值：研究成果可为城市管理者在城市空间营造的策略制定、管理、实施等方面做出系统性艺术设计的指导。

品牌价值：探索地方性造型元素，提高地区性城市形象整体的识别性。

经济价值：提高城市家具创意及研发水平，形成新的内需经济增长点。

1.5.2　关键问题及难点

在研究中将街道的人，尤其是在不同交通条件下人的行为作限定性的分析，探索街道空间与整体场所与形象的一体化是课题研究的第一个难点。不同交通条件下的人的行为有各自的特点和功能需求，要以一个完整的城市家具系统来同时整合所有条件下的功能需求，十分具有挑战性。

街道美学营造很难确定收效时间与界定评价标准，是本研究的第二个难点。街道的美学营造设计属于城市设计的一部分，而城市设计本身就是一个过程设计，任何设计都不能期待它很快取得确定的效果。同时，城市设计还是对现实问题的应对，这些问题本身还可能受到其他复杂因素的制约，例如不可回避的"经济（市场）和政治（调控）"[1]。如果把街道的美学营造看作人创造适宜的场所，这种创造就需要时刻地改良以适应人的体验与要求。

本研究要面对的第三个难点是如何通过街道美学营造系统方法达到城市的整体形象提升。街道美学的营造是按照人的视觉特征来研究街道空间与其组成元素的组织关系，并且进行一系列重要的场所营造，它对城市的整体艺术形象也有着重要意义。但是面对街道网络密布的城市，用单位街道的系统营造方法和实践经

---

① ［英］卡莫纳等．公共场所——城市空间（城市设计的维度）［M］．冯江，袁粤，万谦，等，译．南京：江苏科学技术出版社，2006：16.

验能否就此面向整个城市铺开，还有待进一步研究。

1.5.3　本研究的创新点

本研究试图在城市街道美学营造的艺术设计实践中构建基于人的户外行为的城市家具的系统设计新方法。依据现有设计案例及自身实践案例，借助系统学思考方式，结合多个城市空间理论，本书以独特的角度还原了城市街道空间中城市家具系统的构成方式，同时探索了相关的创新性设计原则。本书在设计艺术学领域有所创新的内容，主要有以下几处：

其一，以城市视觉元素的形态类型作为划分设计物的依据，系统整理总结了城市家具种类，为艺术设计系统规划街道空间奠定了重要基础。

其二，以"事"与"物"的关系为原则，围绕人的环境行为特征，系统地分析与梳理人在空间中的活动；并且通过编码汇总的方式，有效指导街道空间城市家具的系统规划。

其三，借助"物"的图谱化，形成艺术设计主导的城市家具系统图谱表达，并且有效地整合了各实施部门的关注内容，公共服务设施的模块化设计及有机结合的艺术设计构思。

其四，将建筑学、社会学的"TOD 理论""步行城市""人居环境理论"等引入相关街道美学营造的具体设计方法，从中观与微观两个视角对艺术设计方法进行创新探索。

第 2 章　街道之"事"：人的户外行为

> 规划和设计的终极目标不是创造一个有形的工艺品，而是创造一个满足人类行为的环境①。

——迪瑟（Deasey）

空间以人为中心才富有意义②，以人的户外行为为圭臬的街道形象塑造就要从关于人的研究成果中找到突破口。街道的主要功能就是交通，对人户外行为方式、出行特征的研究，从本质上来说是属于社会学研究范畴，但基于人表现出的越来越丰富的需求，这也同样离不开人机工程学、心理学等相关学科研究成果的支持。本书的研究中很重要的对象是与街道密切相关的人，包括这些人的交通行为，以及这些行为与街道客观环境（包括人文环境、自然环境、空间环境等）之间的相互关系。通过这些研究探索可以归纳街道中人的行为规律、模式以及一些影响因素，简而言之即为街道中的"事"，为下一步应用到城市街道空间的再营造，提供从规划、设计一直到实施、管理上的重要依据与参考。

2.1　相关学科研究

基于人的行为研究，曾经在 20 世纪中期对城市的营建产生过影响，诸如欧美的心理学家、人体工程学研究者、欧洲包豪斯学派以及美国的邻里单元研究者等，这些相关学者的研究带有一定的自发性且是分散的，他们引发了对现代建筑的批评思潮，但很快又失去了回音。这足以证明，要对今天的城市街道进行美学重构，在现代城市空间中建立形式美学与人的和谐关系离不开再次揭开这些研究的面纱。

2.1.1　环境行为学

环境行为学从学科归属上属于研究人行为规律的行为学，而行为学又隶属于

---

①　石朝林. 上海苏州河滨水景观研究［D］. 上海：东华大学，2011：35. 原文引自迪瑟 Deasey，1974）.
②　刘先觉. 现代建筑理论［M］. 北京：中国建筑工业出版社，2000：145.

管理科学。它又分为宏观与微观两种行为学。在宏观行为学中可以分为基础行为学与社会行为学；在微观行为学中分类更加复杂。

　　该学科主要研究人的行为（包括经验、行动、感知）与其存在的环境（包括社会环境、文化环境、物质环境）之间的相互联系以及相互作用①。这其中它更关注人在特定环境之中的外显行为（overt action），在人的行为系统与外界物质环境系统中研究两者的关系，为创建更好的人类生存环境而研究。它主要涉及环境心理学、社会心理学、人类学等。

　　在城市空间设计中对于人的环境行为缺乏认识与利用，有时候会在建设和组织空间过程中起到相当负面的作用。例如曾多次获美国建筑学领域奖项的 Prutt-Igoe 住宅区就是一个典型例子。因为该项目的公共空间的设计与人流的组织不够合理，甚至还间接滋生了犯罪活动，破坏了当地居民基本的安全感、社区归属感。Prutt-Igoe 住宅区最终被爆破拆毁时的照片（见图 2.1）在各大专业刊物上不断出现，提醒着后来的设计师，有些时候成功的造型设计不仅取决于设计造型的美感与形式，更取决于它的使用和体验者。在这一点上美国规划师简·雅各布斯也提出过著名的"街道眼"概念，通过营建和保持小尺度的街区来增加人与人见面的机会，从而消解这种空间带来的社区感。

图 2.1　Prutt-Igoe 住宅区被炸毁

资料来源：徐磊青 . 人体工程学与环境行为学 ［M］. 北京：中国建筑工业出版社，2006。

---

　　①　冯丹红 . 基于环境行为学的城市旅游公共设施系统设计研究 ［D］. 秦皇岛：燕山大学，2012：9.

2.1.2 人体工程学

"人体工程学"（ergonomics）是 1947 年在英国召开的一次国际会议上被确定的一个新术语和新学科名，该词源自古希腊语——"ergon"和"nomos"两个词的组合，中文的直译是"工作的规律"或是"劳动的规律"的学科。它也被称为"人类工程学"（human engineering），这一名称在美国使用较多。但不同的国家在形成、发展该学科过程中，还出现过一些其他名称。例如，在欧洲，被称为"人—机系统"（man-machine system）、"应用心理物理学"（applied psychophysics）、"工程心理学"（engineering psychology）、"人—机工程学"（man machine engineering）、"人体状态学"（human conditioning）、"心理技术学"（psychotechnology）等①。在日本，它被一些学者和设计师称为"人间工学"。人体工程学被引进中国以来，除了以上一些名称以外，还曾出现一些不同的译名，像"人机控制学""机械设备利用学""工效学""人机学""工力学""运行工程学""宜人学"等。在大多数情况下，我们还是称它为"人体工程学"。这些不同的名称和译名从侧面反映了这门学科丰富的学科知识兼容性，也突出了其人类学、工程学、生物学、设计学、系统学、心理学、社会学等方面的性质特点。

2.2　个体行为的产生

研究街道空间与人的关系，可以从人的角度分析出一些基本的原则，有一些因素是不变的，这些不变的因素为深入研究街道空间的设计提供了便利。例如，人的户外基本生理要求和基本机能。几千年的人类历史，人们所使用的鞋的尺寸基本没有变化、睡眠使用的床的尺度也没有发生大的变化。现代机械科技发达的时代背景可以"增加我们的经验和刺激我们的感觉"②，但并不能普遍改变人的生理机能与结构。

2.2.1　行为内因：人的需求

需求是人在空间中活动的主要内因，各种户外需求在空间中交织生成了一张复杂的行为轨迹和行为关系网络。在探讨街道中人的行为时，理解人的心理需求是主要的突破口；同时除了内部的需求，也不能忽视一些外部的因素。

---

① 宋敏. 人体工程学与产品设计 [J]. 艺术教育，2012（10）：174.
② ［英］F. 吉伯德. 市镇设计 [M]. 程里尧，译. 北京：中国建筑工业出版社，1983：22.

2.2.1.1　关于人的需求的研究

美国著名心理学家亚伯拉罕·马斯洛（A. Maslow）曾经提出一个需要层次理论（hierachy of human needs theory），该理论经过美国行为学家麦格雷戈的丰富，广为流传。这一理论是研究人的行为与行为动机，进而发挥人的潜能方面最为重要的理论。这个理论把人的需求分为六个方面，重要性如同金字塔形（见图 2.2）一样依次递增：生理需求（physiological needs）、安全需求（security needs）、从属的需求（affiliation needs）、尊重的需求（esteem needs）、自我实现的需求（actualization needs）以及学习与美学的需求（learning and aesthetic needs），越是在此形状底部的需求越是属于基本需求。

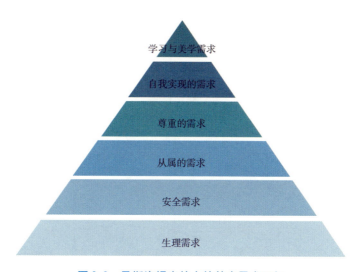

学习与美学需求

自我实现的需求

尊重的需求

从属的需求

安全需求

生理需求

图 2.2　马斯洛提出的人的基本需求层级

生理需求体现了人生存的需要和维持，如感知饥饿、健康的身体、着衣冷暖等；安全的需求体现人对自身活动安全、隐私、归属感、领域感的要求以及生活和工作安定的愿望；从属的需求是指人在生活中还有血缘亲情、爱情、友情、同事情等不同社会关系中的情感上的需求；尊重的需求是人会有自己的尊严和获得他人尊重的需要，这些也会受到文化环境、民族环境、宗教信仰、世界观、价值观等因素的影响；自我实现需求是人受到自身特性与环境影响产生各种性格、喜好、理想、观念等，属于不同人的不同需求；对于学习与美学的需求则属于最高层次的需求。

同时马斯洛也认为人在迈向更高层次需求——比如自我实现——之前，先要满足最基本的生理需求。与此相关的研究中，嘉尔顿（Caltung, 1988）归纳了四种人类需要（自由、安全、认同、福利），除此之外他后来还列举了许多其他人类需求。另外麦克利兰（D. McClelland）从社会学的角度，也在同一时期提出了人的三种社会性需要：成就、权利、交往。从这里可以看出，在学界对人的需求不但划分依据不一，关于它的层次排序在学界也有着广泛的探讨，同时这些"需求"也处于一种复杂的关联之中（见图2.3）。关于人的需求的丰富学术研究为进一步分析人在街道空间的行为成因与分类提供了十分重要的理论依据。

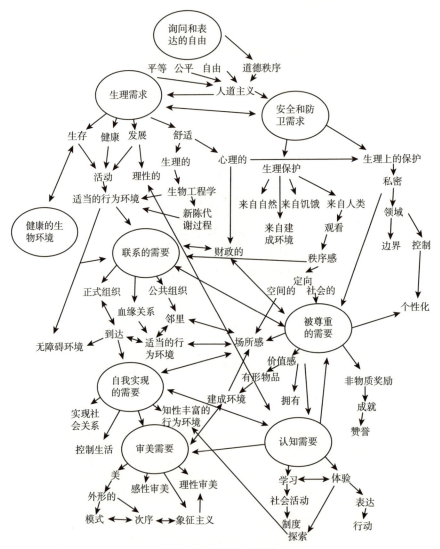

图 2.3　人的需求层次

资料来源：Lang（1987）。

2.2.1.2　人的需求与驱动因素

与此同时，社会心理学家库尔特·勒温（Kurt Lewin）教授的"场"的理论也被公认为研究人的空间行为内容与结构的最佳理论。他提出人在空间中做出的行为除了来自人的主动需要，还有来自环境空间的刺激或影响。后来的科学研究又发现了人的无意识也是人的空间行为的因素，例如人的下意识和潜意识这些因素共同完善了这一理论。

可以说"需要层次"理论、空间"场"的理论等关于行为的心理驱动性研究，使得学界在人的行为与场所的互动研究中找寻街道空间营造的新设计方法有了理论上的可行性。总结这些理论可以看到，刺激与驱动人发生行为的因素有来自内部的也有外部的，主要由三个方面构成：（有意识的）内在的各种需求、环境空间的刺激、无意识。环境与人的机体以及人的行为反应在互相影响之间构成了一个稳定的人的行为因素模型（见图 2.4）。

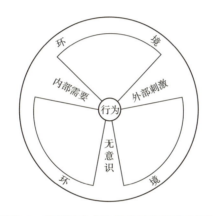

图 2.4　关于影响人的行为因素的模式解析

资料来源：徐从淮 . 行为空间论［D］. 天津：天津大学，2005。

2.2.2　行为外因：感知与环境

根据上一节提到的关于触发人的空间行为的因素，特别是来自外界的"刺激"影响的这一因素非常值得研究，另外，在外部"刺激"之后，通常会经过人体器官的区别收集和转译环境刺激两个过程——"感知"和"认知"（见图 2.5）。因此，也可以说人的户外行为源自"刺激""感知"与"认知"三者之间没有明确界限心理活动得到反应后的信号驱动。

人被环境影响，同时环境也会反过来影响人。正是因为这种交互影响，我们必然会察觉到例如视觉、听觉、嗅觉或触觉的"刺激"给人带来的周边环境的线索。这也是认知心理学家经常提到的人的"认知"，它包括收集、组织以及明确有个环境的信息等。

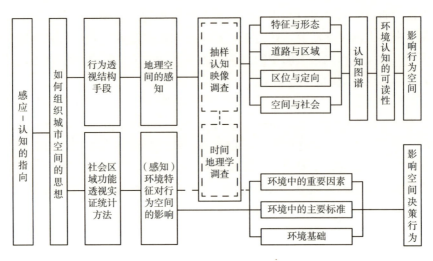

图 2.5　城市空间中"感应—认知"的指向

资料来源：[美] 凯文·林奇. 城市形态 [M]. 林庆怡，陈朝晖，邓华，译. 北京：华夏出版社，2001。

感知主要是指人在环境中对各种刺激的反应，人拥有四个重要的感知功能：视觉、听觉、嗅觉和触觉，其中听觉占据了感知功能的绝大多数。波蒂厄斯（Porteous）观察到视觉积极而敏锐："视觉认知非常复杂，依赖于距离、色彩、形状、质地和对比度等"[1]。在反复而长期的感知经历后人们收集了丰富的信息，形成了认知。本书不是要做全盘的关于人的感知器官的梳理，而是关注与街道环境更为密切的行为。

2.2.2.1　感知与视觉

（1）视觉主导感知

感知是一种主动探索信息的过程，我们往往通过眼睛、鼻子、皮肤等感知器官来接收环境的信息，而在真实环境中人用视觉获得多达85%以上的感知信息（见图2.6），可以说只要有光线，人眼就能将看到的物体的体量、形状、明度和色相等综合的视觉信息汇报给人的大脑。在认知心理学界，视觉是否只是简单视网膜图像输出过程，还是具有大脑处理的思维过程，一直还有争议，但对于艺术设计来说，视觉的工作原理毫无疑问是最重要的学科根基。设计者在向街道的城市家具及其空间布置投入设计工作量之前，必须对视觉这一重要的人体感知外界环境的运行机制有充分的认识。

---

① 孙晓宁. 城市旧居住区环境景观更新改善研究 [D]. 苏州：苏州科技学院，2011：27.

（2）视觉感知要素

视觉辅助人在空间中看到环境与物体，也帮助人判断在空间中的物体的距离、大小、形状、颜色等重要信息。这些在空间中的感知功能，离不开视觉的要素视距、视野和视角，因此视觉观察中与艺术设计密切相关的要素是视野、视距以及三维空间，城市环境空间设计工作离不开这三个要素共同的运作。同时，关于三维空间中街道特有的形态与其相关造物研究将在后面的篇章详细阐述。

图 2.6　城市形象与视觉实物的关系

资料来源：梁勇（2013）。

（3）视野

视野是眼睛向前看到正前方物体的范围（头部和眼球需固定不动），它一般以一个角度值来表示。按照纵向和横向的眼睛观察方向来分，分为水平视域与垂直视域。

水平视域，分为左右眼视域，两者相加最大为 124°，如果是单眼，视角极限是94°。垂直视域方面，人的眼球中心点向上或向下的视域都十分有限。据日本的相关学者研究表明，人眼垂直视域的上限是 48.55°，视野的下限为 67.8°（姚军财，2011）。

（4）视距

视距是指人与被观察对象两点之间所处的正常视觉观察距离，通常用单位米来表示。如果是单纯定义人操作与使用一件物品的最佳视觉范围，人机工程学有研究表明最佳距离为 0.38～0.78 米（丁玉兰，2000）。但在街道环境中，观察一个物体的距离就要相对复杂。针对不同的视觉要求，在街道上存在多种距离的可视要求。比如在行人街道两旁的建筑立面上寻找门牌号，驾车时在交通杆件的牌面上寻找道路信息，在十字路口游人寻找街口的指示牌上的信息等，这些行为在视距的要求上是十分不一样的，各国学者也提出了不同的看法（见图 2.7）。

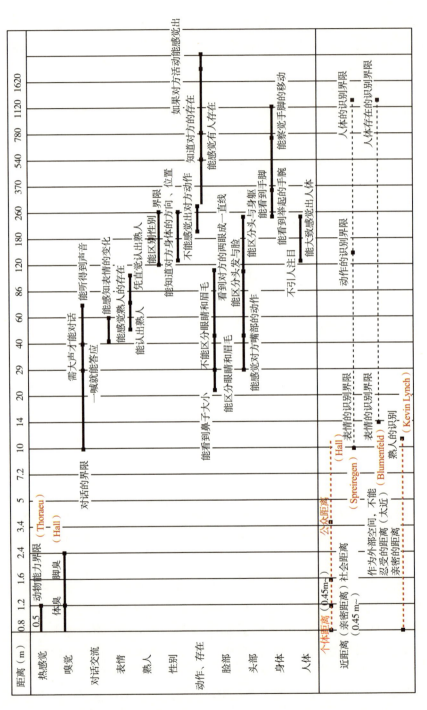

图 2.7 人的知觉与距离的关系

资料来源：李道增（1999）。

尽管如此，我们还是可以从空间尺度上，将这些视距控制分为宏观、中观、微观的尺度来区别看待，寻找每一种行为视距控制规律。与此同时，准确高效的空间信息传递除了受视距的影响，还受到其他环境因素的综合干扰，比如人与人的个体差异、不同的运动状态、相似文字形状、丰富的色彩混淆等。以道路信息牌为例，人近距离的视距会增加更多的信息量和信息强度，同时依照不同人的生理特性，可以设计出更为合适的视觉方案（见图 2.8）。

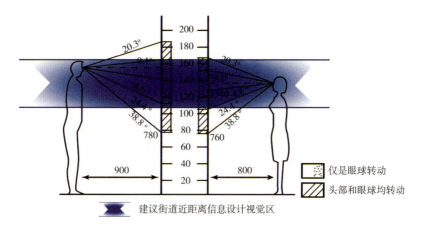

图 2.8　视觉下视的最佳位置

资料来源：高桥鹰志（1984）。

以上列举的仅仅是在户外观察一个特定物体的视距问题，其中就有较多的因素需要考虑。因此回应系统性的视觉设计问题，不仅是关注街道美学层面的审美问题，更是要梳理人在环境需求中的根本性诉求。

2.2.2.2　刺激与环境

人的行为经历了"刺激—感知—释意—认知—反应"的复杂过程，在行为的起点——刺激这个层面，这种刺激可以来自人自身的需要、动机（motivation），或者来自外部环境，其中环境起到了十分关键的作用。心理学家普罗夏斯基（Proshansky）曾经表示，人只是整体环境中一个组成要素，与其他要素具有一定的联系，从理论上看，除了从人体本身出发考察他与其他组成部分的关系，并不存在环境与人的区分[1]。心理学从人的视角看待问题，人可以影响环境也可能被环境所影响，甚至积极改造环境，两者似乎始终处于一种积极的互动过程。

人在行为上施加于环境，环境也会对人的行为产生互动影响——心理学提供的

---

[1]　张贵敏. 我国城市居民体育消费环境需求探析［J］. 天津体育学院学报，2004（1）：70 – 72.

这一判断，在设计艺术学角度看来，就是从以人为本的思想来设计空间及其相关空间要素。例如在一个开放的街道环境中，人们要寻找一个垃圾桶投放垃圾，行走许多路程却不得见到；街道修建的休息座椅并不十分舒适；寻找一处去往的目标却找不到标识和具体参照；许多的街边建设许久的电话亭都被空置等。我们可以说这些是设计上的一次次零零碎碎的不周，但是如果用系统观念来看，这些都是没有在设计时预先将这些可能的"刺激"系统地导入设计方法造成的，如果能借助环境行为学去分析和设计街道环境及其相关设施配置，这样的缺憾是很有可能被消除的。

通过实验和现实比照，人类环境需求的主流研究立场主要可以分为三个，即健康与舒适的环境、活动机会以及社会和文化体系的归属①。

（1）健康与舒适的环境

对于个体而言，在环境中保证自身的身心健康、生命安全是首要考虑的。很难想象一个充满安全意外或者无法遮风挡雨的恶劣环境如何适合人们进行户外活动。同时这种要求也存在于对于环境的认知要求，人只有经历各种环境，对其产生认知和经验后，才能在日后的户外活动选择最为健康舒适的环境。

（2）活动机会的需求

外部环境给人带来的功能，不仅是被体验和感受，也有工具的一面。比如说上班族、上学的学生，选择经过一段街道空间——这是到达目的地必须经过的一段路，可能完全是出于"工具"的目的。活动机会的提法也与吉布森的环境可用性（affordance）理论十分接近；这一层次的需求强调了人在空间中如何利用环境达到自己的最终目标，并且这种"利用"也体现在城市家具等街道事物的配置与微观设计方面。

（3）社会与文化的归属

这个层次的核心思想是，人们在外部环境中建立起来的社会与文化的软环境使场地被赋予了场所感与地方感。进一步说明，是场所使得人们在这些环境中被影响，甚至是场所引导了人在户外的行为。这是环境作为被认知的对象和被使用的工具之后，在人与人的社会交流中，影响个人的自我认同与识别相应社会与文化体系的又一大功能。

2.3　街道对人的行为的影响

城市街道家具与人共同处于城市环境当中，二者发生直接的关系和作用而赋

---

① 潘海洲．环境行为学在医院建筑方面的拓展［J］．华中建筑，2009（9）：27－29.

予城市环境现实意义。要研究城市街道家具的安全性，必须首先研究人与城市街道家具的主客体互动。[①]

——曾勇

　　我们在探讨街道空间的同时势必也包含了街道的设施，空间与其中的物质一起为人的行为架起了感知与行为反应的互动链。在街道空间中的人除了保持自身需求驱动的行为以外，街道空间的一些特性也间接影响了人的行为，两者持续不断的互动性是探讨街道空间与人的行为的基本起点。通过艺术设计能够完成最终视觉呈现的特性，也使得这些因素被融入街道美学营造的方法中成为可能。

2.3.1　人的户外活动分类

　　城市是人居住的空间，也是人类进化历史上最高级的生活形式[②]。在这最高形式的生活空间中探讨人的行为，最好的方式就是从空间与人两个方面进行相向研究。前文是从空间的角度探讨人对街道的使用，这里指出的则是关于人的"户外活动"的研究，它们共同勾勒了紧密结合人的行为来营造街道的设计范围。

　　丹麦学者扬·盖尔曾在 1996 年的《建筑之间的生活》（*Life Between Buidings*）中把人的户外行为分为：（强制性）必要性活动、社会性活动、可选性活动三种类型[③]。

　　必要性活动是指那些多少有些强制性的活动（例如，上学、上班、购物、等公共汽车等）。因为参与者别无选择，其行为发生几乎很少会受物质环境的影响。

　　可选择性活动指的是，如果时间和场所允许而且天气和环境适宜，自愿发生的活动（例如，散步透透气、停下来在街边咖啡店喝杯咖啡，欣赏路人等）。

　　社会性活动是指那些依赖于公共空间中其他人存在的活动（例如，与人问候和交谈，集体活动，甚至被动地观望他人的行为）。社会性活动是人们出现在运动于同一时空中直接而即时的结果。这意味着当必要性活动和可选择性活动拥有了更好的环境条件时，社会性活动也有了发生的保障。

　　这样的分类方式，在大类上区分了人的活动性质，不同品质的街道空间可以适时地按照这些分类来设计和布置城市家具，控制其功能倾向及配置数量等基本条件。例如，在一些休闲型的街道就可以设置多一些能够提供"社会性活动"以及"可选性活动"的城市家具。

　　然而，就如之前对街道环境的使用意义分析中所展示的，关于人的活动与街道

---

① 曾勇，林波. 城市街道家具规划设计的影响因素分析［J］. 山西建筑，2008，34（28）：40 – 41.
② 赵自明. 论城市形成发展的条件——以石家庄市为例［J］. 科协论坛（下半月），2010（5）：184.
③ 韩云旦. 杭州城市步行系统构建研究［D］. 杭州：浙江大学，2006：10.

空间本身就是一个互相影响的过程。同时不同的人种、不同的个体在空间行为的习惯会有一定的差异。有学者曾对上海市中若干条街道进行调查（见表2.1），从得到的结果可以看出，街道的环境在一定程度上影响了人的行为取向，环境也因此形成了街道的一些特质。要全面了解街道空间中人的行为方式，需要定性与定量分析相结合，同时将街道空间、街道元素与人的因素都集中考虑。

表 2.1　　　　　　　　　　上海市中心区步行街的活动期望

序号	吴江路		南京东路		多伦路		港汇街		雁荡路	
	活动目的	期望值（%）	活动目的	期望值（%）	活动目的	期望值（%）	活动目的	期望值（%）	活动目的	期望值（%）
1	放松心情	72.1	购物	59.5	放松心情	69.2	放松心情	58.3	放松心情	53.7
2	与同伴相聚	44.3	放松心情	54.8	观赏城市风光	36.3	购物	41.7	与同伴相聚	24.4
3	娱乐	24.1	观赏城市风光	34.5	与同伴相聚	20.9	与同伴相聚	26.8	观赏城市风光	18.3
4	购物	20.2	与同伴相聚	25.0	接近自然	17.6	娱乐	17.3	其他	17.1
5	接近自然	15.2	娱乐	21.4	体验奇妙感觉	13.2	其他	15.7	购物	15.9
6	观赏城市风光	11.8	活动身体	14.3	购物	13.2	观赏城市风光	14.1	娱乐	14.6
7	了解新信息	10.1	体验奇妙感觉	10.7	了解新信息	12.1	了解新信息	11.8	了解新信息	8.5
8	活动身体	8.9	了解新信息	9.5	娱乐	11.0	活动身体	6.3	接近自然	8.5
9	其他	8.9	接近自然	8.3	活动身体	8.8	体验奇妙感觉	5.1	体验奇妙感觉	4.9
10	体验奇妙感觉	5.1	其他	4.8	其他	8.8	接近自然	0	活动身体	4.9
调查样本数（人）	79		84		91		127		82	

资料来源：徐磊清. 人体工程学与环境行为学 ［M］. 北京：中国建筑工业出版社，2006。

2.3.2　街道环境之"使用"

维特根斯坦曾说"意义即使用"，对于街道的意义就是研究人与街道及其城市家具之间的互动关系。这一方面是人的需求，另一方面也是街道提供的诸多使用上的便利。毕恒达（2003）在《物的意义——一个交互论的观点》中提出了物的意义包括"工具性""丰富经验""成就感""记忆延伸""社会互动"等价值意义。同时结合对环境行为学学者的理论梳理（徐磊清，杨公侠，2006），关于街道空间使用的意义我们进行了如下归纳。

（1）交通

交通是街道中道路的基本属性，不论是车行、人行还是非机动车行等，人们仅仅是希望通过街道中的道路保证达到最终的目的地。这也是街道作为城市的重要空间要素与人们日常生活的必经场所具有的基本工具属性。例如我们生活在城市，需要穿行某一条街道，可能只是出于抄近路或者避免其他街道通行的拥堵，这些选择出于间接的需要。就如老子所说"三十辐共一毂，当其无，有车之用①"，只是间接地以街道作为达到目的的媒介，而非直接想要用到街道。

（2）体验

街道和其相关设施除了在使用上可以给人带来舒适和便捷，同时它们也提供空间自身的激发人产生不同体验、情绪等的功能，例如人感受到街道的宁静、和谐、美丽、舒适、安全等。具体来说，人在街边坐下来喝茶休息时，也许可以将茶、物、人、景、境等要素交织在一起，产生一种宁静、美丽的内心感觉。有人认为体验本身也是一种功能，但是体验并不同于工具性的直接使用，而更多地倾向于街道自身的魅力与价值。

（3）环境信息

街道为人提供的环境信息十分重要，许多人在街道中都是自发地收集环境信息。对于居住者来说，多年的居住经历积累的环境信息帮助他们能很快定位街道中的建筑、购物的商店甚至里弄内的一户人家等；对于初次来访的路人，也是通过街道的形态与其间的指示装置来获取路面信息。杨公侠（2000）认为环境中所需要的信息包括八大类，归结对于街道空间的信息有六个方面：

一是关于商业、住宅、工作地等目的地位置的交通信息；

二是时间以及与人的生物钟有关的环境条件信息；

三是气候、阳光、有关供暖、制冷、躲避风雨等普通防护信息；

四是空间边界及特殊私密空间的人际交流信息；

五是精神、体力和感觉的放松、休息以及获得刺激的可能等生理情感信息；

六是紧急情况、安全地带等关于庇护的重要安全信息。

---

① 出自老子《道德经》第十一章。

（4）商业贸易

在中国，自从宋代开始打通街坊，灵活开市以来，商业的因素一直都没有在街道空间中消退过。在市场经济的商业浪潮中，从沿街业主与经商者的利益角度看，商业在街道中的功能至关重要。街道的商业价值决定了在街道上调配商业交换活动空间的重要性，它在现代社会的许多场合都不可或缺，但是塑造好的街道品质离不开对其的有效设计把控。

（5）人际社交

人际社交是现代街道设计中经常被忽视的人类内在精神需求，它体现了人与人的社会需求。虽然许多人的交流发生在酒吧、茶室等室内区域，但我们也不可能忽视在街道的某些特殊的节点往往会聚集一些人行走、交谈、联系等，这些都是街道空间提供给人的不可忽略的场所功能。

（6）区域形象

区域形象一方面体现了街道区域的使用性质的实际场所形象，另一方面也是通过街道中诸多城市家具等设施的造型美感与造型元素相似性，体现出整体美学形象。城市区域形象与城市形象是一种相辅相成的关系，因此对于一条街道的区域形象的营造成功与否也关系到整个城市的形象。

（7）社会文化品质

人在街道物质环境的体验与活动过程中，会通过文字、图形、信息、其他人的行为举止等因素感受到该区块，甚至是城市的社会文化的软实力。在街道营造中体现区域社会文化品质需要诸多方面的努力，按照学者拉波鲍特（Rapoport）[①]的学说，环境中的三种线索（固定特征、半固定特征、非固定特征）缺一不可，尤其是非固定特征——人的行为及固定特征（如建筑体），期待这些环境线索在短时间内改变具有很大的难度。

（8）自我体现

街道空间会因为个人的记忆和自我的表达形成人心中对其产生的情感依附。通常用场所感来反映这一空间与人的相互关系，对场所的情感依附是与人的意向性、场所的象征性相结合出现的。例如一条街道，可能曾给予某人或某些人留下美好的记忆；街道被拆除时，他们会感到失落悲伤。

---

① 拉波鲍特（Rapoport，1982）将环境中的视觉线索分为：固定特征、半固定特征、非固定特征。固定特征因素是指建筑物、墙面、地面等不太容易被迅速改变结构、大小以及面貌的因素；半固定因素是指家具、街道设施、广告牌、店面陈设等能够而且可以相当快地被改变或增减的因素；非固定因素包括人的行为、语言等环境中的人的因素。

2.4 人在街道中的主要行为分析

2.4.1 人的步行活动

步行是人的基本交通形式，随着机动化的交通对城市与人类未来造成的不利影响被逐渐认识，这种最基本的户外行为方式正在受到越来越多的鼓励。作为街道的主要行为方式之一，人的行走也是重要的一项研究内容，步行的基本特征可以作为进一步营造空间的设计依据。

（1）步行速度

步行速度和其他交通类型相比较为缓慢，同时它也会随着行人密度的增加而降低。当行人面前的净距离空间小于 4.5m、高度变化大于 6% 时，步行速度会降低，道路交叉、楼梯、自动扶梯以及旋转栅门也会降低步行速度。普通成年人的步行时速可以达到近 5km/h，表 2.2 列出了不同情况下成年人的步行速度数据。

表 2.2 成年人的步行速度

类型	平均步行速度（m/min）
普通成年人	78
老年人（年龄≥75 岁）	64.5
成群人	60
楼梯（下降）	45.6
楼梯（上升）	33.9

资料来源：孙靓．城市步行化——城市设计策略研究［M］．南京：东南大学出版社，2012。

（2）步行距离

步行距离与人体自身机能有很大关系。一般情况下步行不适于中长距离的出行，大多数人能够或是乐意行走的距离是很有限的，日常情况下多数步行者对步行环境不发生抵抗的最大距离为 400m，时间约为 5 分钟。借助于舒适的道路铺装、休息设施以及良好的视景缓解步行者的疲劳，步行抵抗距离还可适当延伸[1]。有资料表明，国外平均步行出行距离为 252m，极限距离一般在 3200m 之内，1600m 以下的步行出行约占 94%。在我国一般认为步行时间不超过 30 分钟，步行

---

[1] 孙靓．城市步行化——城市设计策略研究［M］．南京：东南大学出版社，2012：72.

距离小于 2km 为宜①。

（3）步行空间容量与密度

在扬·盖尔看来，步行首先就是一种交通的方式，是一种进入公共环境空间最为简单易行的方式。当一定空间中的人同时采用步行的方式，也会影响步行的舒适感。这可以通过步行空间密度、人流运行速度等指标来衡量。根据有关学者的反复研究，表 2.3 中 B～D 级别条件的街道空间在实际考察中较为普遍。

表 2.3　　　　　　　　　　　　　　步行品质与空间密度

步行品质	空间密度（m²/人）	流动系数（人/m·分）	步行状态
A	3.5 以上	20 以下	可以自由选择步行速度，比如在公共建筑和广场
B	2.5～3.5	20～30	正常的步行速度走路，可以同方向超越，比如在偶尔出现不太严重高峰的建筑
C	1.5～2.5	30～45	步行速度和超越的自由度受到限制，交叉流量、相向流时容易发生冲突。比如发生严重高峰的交通终点
D	1.0～1.5	40～60	步行速度受限制，需要修正步距和方向，比如在最混杂的公共空间
E	0.5～1.0	60～80	不能按照自己通常速度走路，由于步行路可能容量的限制，出现停滞的人流。比如短时间内有大量人离开的建筑
F	0.5 以下	80 以上	处于交通瘫痪状态，步行路设计得不适用

资料来源：孙靓（2012）。

当步行密度不断增加，势必带来单位面积内的步行人数增加，这种增加从表面上只是更多的人群，但是对于其中的行走者来说，过于密集的行走人群和拥挤的街道宽度会产生不良的体验感。这种心理承受度在世界各地都有差异，例如日本东京、中国上海等地居民对拥挤的步行人群的耐受度可能高于来自北欧的居民。

（4）步行路线

在街道中步行的行人，步行的目的并不相同，他们所表现出的行走路线也不完全一致。这里既有自身需求的原因，也和街道环境所能提供的内容有关联。有些行人并没有明确的行走目标，他们会随着沿途被吸引的事物停下脚步或更换方向；也有人会因为街道提供的内容不足以吸引人或本身街道形态的设计就十分单调，例如直线的街道上毫无生气，他们很快就会依照直线的步行路线离开这个街道。在这一点上，中国造园案例中就时常出现运用一处狭小或普通空间做出"曲径通幽"式的意境庭院，实际上这就是在道路层面预先"设计"了步行的路线。

---

① 中国公路学会《交通工程手册》编委会．交通工程手册［M］．北京：人民交通出版社，1998.

由此可见，街道中人的步行路线是步行行为的重要指标，要照顾到不同行走目的的人群，同时其中也包含着丰富的设计内涵。

2.4.2　人的车行活动

如果说步行是一种直接的交通类型，那么我们还通过一些机动化方式进行点到点的活动。这些间接交通类型泛指一切步行以外的交通行为方式，比如骑行自行车、电瓶车、乘坐飞机、邮轮、公共汽车、地铁、驾驶摩托车、私人汽车，甚至还有溜滑板等。但回到街道空间，习惯上把步行、机动车与非机动车三种交通方式作为划分街道路面空间的主要依据。在机动车的出行方式中还包含了公共交通，如公共汽车、出租车等，但这里的主力军还是私家车出行群体。

人在驾车过程中的安全可靠性与寻路是驾驶行为在街道上的主要诉求点，在驾驶过程中如何准确地通过标志物中的图形文字传递正确的"信息"，是适应驾驶者活动的主要设计考量。尤其是驾驶者主要的感官信息的获取源——视觉。相关研究表明，驾驶者在驾驶行为中获取信息的感觉器官分布：视觉占 80%；听觉占14%；触觉、味觉及嗅觉一共占有 6%[1]。为此，在探讨空间设计问题之前，有必要对与驾驶者密切相关的因素进行研究。

2.4.2.1　驾驶可靠性与视觉目标

驾驶的可靠性来自三个方面，首先是驾驶员娴熟的驾驶技巧，其次是个人感知空间尤其是交通信息的能力，还有就是驾驶过程中的个人应变能力。考虑这三方面因素进行街面环境的营造能进一步提高驾驶可靠性。

在车辆运动过程中，人眼并不会对所有的车外对象进行关注，而是会有选择地进行观察，这也被称作兴趣视觉。这里的选择性决定了在街道营造过程中重点突出为驾驶者交通识别的设计落脚点。表 2.4 是通过动眼试验录像归纳的驾驶员在驾驶过程中所关注的街道物体。

表 2.4　　　　　　　　　　　　　　驾驶员注视的目标归纳

类别	观察内容
车辆	（1）其他车辆：停放的车辆、前方驶来的车辆、后方驶来的车辆、相邻车道的车辆、变换车道的车辆等 （2）车外设施：左后视镜、右后视镜等 （3）车内设施：仪表盘等

---

[1]　李作敏. 交通工程学 ［M］. 2 版. 北京：人民交通出版社，2000：25.

续表

类别	观察内容
道路	（1）道路设施：前方远处的车道、前方近处的车道、左侧车道、右侧车道、对向车道、人行道等 （2）交通设施：路缘石、交通标志、交通标线、安全岛、道路障碍隔离设施等
其他	风景、商店、行人等

资料来源：袁伟．城市道路环境中汽车驾驶员动态视觉特性试验研究［D］．西安：长安大学，2008。

同时，在交通运输学科，研究动态下驾驶员视觉兴趣区域主要通过视域划分法和注视区域间视觉转移模式进行研究。其中最为普遍的是通过利用聚类统计的方法对注视区域的现象进行统计，而这些统计归纳的结果对于重新梳理街道空间中有关车行活动的研究具有很大的裨益。笔者团队曾经对杭州庆春路街道的交通标志的设计进行调研，从对 168 位过路司机的现场调查来看，65% 的本地居民对于居住地附近的街道十分熟悉，依靠主观判断来选择路线，对于路边的交通标志内容只有在陌生的路段才会查看；而剩余的 35% 外地民众普遍反映，经常需要依靠交通标志行驶，这其中也有接近 1/3 的人反映，存在有些标志信息在关键的时候看不清，甚至很困难才能发现的状况。

2.4.2.2 驾车信息收集与视觉设计

驾车的信息收集是驾驶者在车辆行进过程中的基本需求，这里一方面有类似于步行行人的普通信息需求，也有驾车特有的交通信息收集的行为。其中最为重要的就是交通信息的收集，因为城市中机动车的运行平均速度在每小时 40 ~ 80km，在驾驶中识别一系列的标志和指示文字等的视觉条件有很大的不同。在这一方面，我国出台了相关道路交通标志和标线的指南，它从图案符号样式到设施安装要求都有简单的说明。如 1999 年我国发布了《道路交通标志和标线》（GB5768）指导实际的标志标线的绘制还规定，为汽车驾驶者服务的道路标志字体高度适合处于 250 ~ 400mm。同时根据国内研究报告，驾驶员的平均注视持续时间变化不大，基本保持在 260 ~ 330ms 内（袁伟，2008），这与国外的相关研究结果十分相近。

除了参考交通运输学科的研究成果，有学者也曾针对车行的城市家具中的路牌文字做过比较研究（见图 2.9），从文字的大小、间距、笔画上，依照驾驶员的视觉感知特征做了实验验证和调整（见图 2.10）。尤其是为了更好地适应夜间的文字图形辨别，进行了夜间汽车驾驶员动态视觉实验，在这一实验中我们发现还有许多的细节要素应该考虑制作归纳成执行指南，以规范针对行车活动的信息传递的系统视觉设计工程。

图 2.9　字体大小与交通牌视距实验设计

资料来源：楼海杰（2012）。

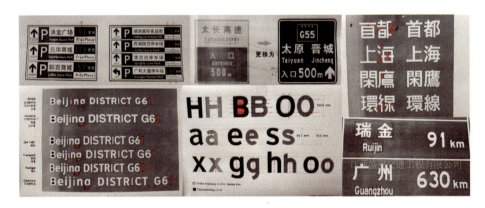

图 2.10　中英文字体在路牌上识别性的分析过程

资料来源：楼海杰（2012）。

通过实验，我们逐步掌握了各种视觉信息针对驾驶行为的最佳呈现设计区间，这些有针对性的研究，为系统梳理街道空间的城市家具产品设计奠定了一些科学的基础。

2.4.3 人对街道的认知与空间限定

2.4.3.1 基准行为面积

每一项人的行为都有一个基本幅度与所需的合适空间范围，基准行为面积的实验数据采集有助于形成关于人在街道中合理行为空间布置的工具指南。作为空间，应该为这些行为预留合理的占地面积，以保证行为活动的实施。对于街道空间中每一个重要行为占地面积进行研究，对行为发生的具体空间、行为与行为之间执行的连续性、行为人群的多寡等行为发生特点进行分析，确定一个个行为的基准占地面积，这些是一项复杂而系统的研究课题。这一研究内容的不断完善有助于从人的需求排查整合街道空间设计中配置不当的城市家具位置与其功能组合。

以下的数据汇集了人们日常行为的平均占地面积情况，行为的采集涵盖了许多场合的主要行为方式，部分行为还进行了详细的扩展性占地面积分析（见图2.11）。

2.4.3.2 对空间的限定

人对空间的限定感受源自与生俱来的空间距离感，它体现了人与人之间在空间中做出各种行为时所应保持的合适距离，它也是环境行为学中探讨的个人领域性。动物具有天然的领域性，人类也有许多相似之处，阿尔曼（Altman）认为，强调了领域性是人在感知与利用空间中，表现出的具有生物性基础的本能。雷恩·杜博斯（Rene Dubos）也认为，要求占有一定的领域，且与其他人保持一定的空间肌理，恐怕是人真正地如同其他动物一样的生物性本能。

现今对人的空间限定研究基本集中在三个尺度——宏观环境、中观环境以及微观环境，而本书的研究集中于后两者。人在户外人际交流过程中形成了特定的一些距离，我们将它归纳为亲密距离、个人空间距离、社交距离、公共距离四个级别的空间距离（见表2.5）。

这些空间限定的现象说明人与人由于接触方式的不一，需要保持不同的合适距离。在街道中常常会看到一些使用不便的城市家具，如果利用领域距离，尤其是在微观环境中的人与人的空间限定上（除了个人活动的行为空间），控制或预留"亲密距离"，就能科学地规划设施的配置密度、间距及尺度。许多研究同时也表明，空间的限定还受到不同人种、国家、民族甚至地区文化习俗的影响，在实际的街道设计中应该对区域的这些信息加以收集与权衡。

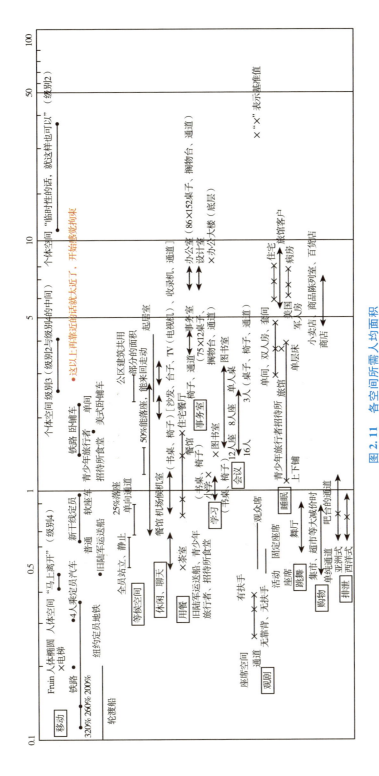

图 2.11 各空间所需人均面积

资料来源: 徐磊青. 人体工程学与环境行为学 [M]. 北京: 中国建筑工业出版社, 2006: 110; 同时参考《日本建筑设计资料集成》(2003)。

表 2.5　　　　　　　　　　　　人的主要领域的距离

距离类别	描　述	距离数
亲密距离	距离非常近，能闻到对方身上的气味，说话限于悄悄话，如情侣	0~45cm
个人空间距离	距离适中，说话声音响度适度，相互之间一臂之隔，不能闻到身上气味，如朋友	近：45~76cm 远：76~122cm
社交距离	距离较远，不能扰乱双方的个人空间，说话声音稍大，能看到大部分身体，如同事	近：122~214cm 远：214~366cm
公共距离	公共场合，说话声音洪亮，用词正规，能看到人的全身，如社交场合	近：366~762cm 远：762cm 以上

资料来源：徐从淮. 行为空间论［D］. 天津：天津大学，2005。

　　除了人与人之间的距离，不同街道宽度与建筑高度构成围合空间变化，也会给人不一样的感受（见图 2.12）。下面总结了四种简化后的不同宽窄比的街道空间特点。

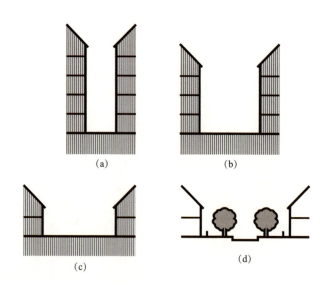

(a)　　　　　　　　(b)

(c)　　　　　　　　(d)

图 2.12　不同街道宽度与建筑高度围合给人的感受

资料来源：［美］克莱尔·库珀·马库斯，卡罗琳·弗朗西斯. 人性场所——城市开放空间设计导则［M］. 俞孔坚，译. 北京：建筑工业出版社，2008。

　　第一，如果周围建筑物的高度超过空间的宽度，那么不向上看的话就看不见建筑物的顶部［见图 2.12（a）］。这样的比例可能导致幽闭阴森的感觉，而且减弱空间里的光线。然而，在和其他街道的其他侧面组合时，能产生戏剧性的对比。

第二，街道墙壁的高度如果等于街道的宽度，会严重限制天空视野而且产生一种很强的围合感［见图2.12（b）］。1∶1通常被认为是舒适的城市街道的下限。

第三，如果路墙比例是2∶1，向外一瞥的视野中天空将与街墙相当［见图2.12（c）］。对着天空的视野在外向视景中居于次要地位，因此增加了三维空间的围合感。2∶1和2.5∶1之间的比例为街道提供较好的围合感。

第四，对于一条街道只有二面建筑的墙来界定的空间，如果墙壁相对于街道的宽度过矮，向外的视野就不足以提供空间的围合感［见图2.12（d）］。在一条道路宽度与建筑高度比例为4∶1的街道中，在视野中天空大约是墙的三倍，产生的围合感较弱。

以上的四种表现形式及其分析反映出街道开敞度的合适限定对塑造街道美学环境的影响，虽然作为固定特征因素的建筑高度与街面形状不太可能被理想化地更改，但对于艺术设计却提出了如何在一些街道元素的细节上强化或弱化这些空间限定感觉的思考（见图2.13）。事实上我们也经常碰到一些项目实践，所有身在其中的人都感觉街面异常空旷似乎缺少些什么。

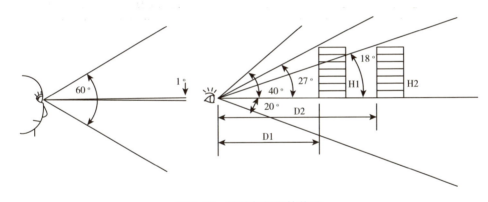

图 2.13　建筑与视野的关系

资料来源：［日］芦原义信. 街道的美学［M］. 尹培桐，译. 天津：百花文艺出版社，2006。

2.4.3.3　对空间的认知

人在街道中直接行为方式主要是行走，但他所做的第一件事却不是行走，而是感觉街道的环境。这种感觉可以从宏观的大环境，也可以从微观的各种视觉要素中找到答案。同早前论述车行活动时引述动眼观察实验相仿的是，也有人机工程学研究者做了街道空间中骑行与步行的感知关注目标的比较实验（见图2.14）。在这个实验结果中，可以看到对街道上众多目标对象的关注度，不同的出行方式会有明显的不同。骑行方式除了十分注意左右环境的骑行安全因素，主要关注体量较大的形象，例如建筑的外形、路边的绿化群等，对于声音、光线等细节的因素几乎会忽略。步行的方式，相对会关注空间距离更近、更为细节的视觉内容，例如建筑材质、街道空间特征及各种形态。

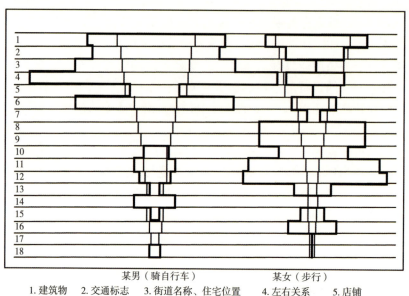

某男（骑自行车）　　　某女（步行）

1. 建筑物　　2. 交通标志　　3. 街道名称、住宅位置　　4. 左右关系　　5. 店铺

6. 绿化　　6. 人的活动、街道生气和活力　　8. 色彩　　9. 城市空间

10. 各种小空间　　11. 建筑材料　　12. 形态　　13. 视角　　14. 路面质感

15. 广告　　16. 声音　　17. 光线　　18. 气味

图 2.14　骑车与步行行为与感知关注度实验比较

资料来源：俞国良，王青兰，杨治良（2000）。

从人不同运动行为审视其感知关注目标的选择性，是进一步梳理街道营造方法的重要方法之一。在了解人的选择感知目标数据的基础上，可以将这些选择性体现在城市家具设计与街面形态塑造中，系统地为不同出行方式的人群强调或削弱色彩、材质等因素；在实现空间的整体美感的大框架下，使设计更科学，建设造价更经济。

2.4.4　人在街道的行为系统性分析

通过前面的研究分析以及长期观察调查，可以对人在街道上的主要行为内容进行分析和归纳。在系统分析中既要体现所有可能的户外行为，又要兼顾各种行为出现的频率与权重，尤其是对于主要行为的大类划分与分析。

系统分析中的一个难点是，在分解每一个大类动作时，会存在一些连续性动作与后续发生的选项性动作。每一个特定行为在街道上的发生都会出现接续性的动作，同时根据不同的环境条件发生接续行为的变更，这方面的特殊性也需要在街道行为的系统性分析中体现。以寻路这个动作为例（见图 2.15），从站在空间中某个位置开始启动大脑中寻路的需求这一刻起，一直到抵达最终目的地。人的大脑通过实际感知现有自身所处环境，构思计划路线，修改心中的路线，而感知器官则从外界环境获取环境信息、路线信息（交通指示牌等），最终指挥人体步行至目的地。

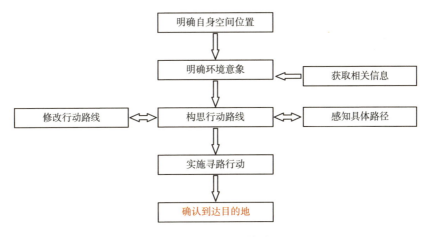

图 2.15　寻路行为的过程

资料来源：何建龙. 城市向导——城市公共空间静态视觉导向系统研究［D］. 上海：同济大学，2008。

对现有街道中人的行为进行系统的分析具有十分重要的研究意义。在图 2.16 中我们直观地看到每一大类人的行为（如车行、车寻、人寻、人行等），都指向若干件城市家具或其他设施，同时还有许多环境中的物件与之间接有着联系。这些

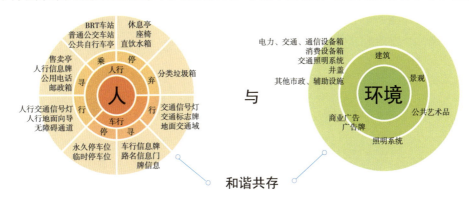

图 2.16　人的街道行为与空间环境系统分析原理

资料来源：宋建明（2009）。

行为与街道空间物件的联系，说明如果深入进行行为的系统分析，可能可以梳理出一张完整的人的行为系统图，如果与另一张街道完整的视觉物件的系统图进行对比研究，将为营造街道空间美感、整合街道空间的视觉元素（主要以城市家具为主），最重要的是与时俱进地满足街道上不同人群的需求，提供最为科学、可靠的设计总体依据。在本书的后半段，通过"物"的梳理章节将详细论述这种系统分析思路。

2.5　本章小结

人的行为主要通过外界的"刺激—感知—释意—认知—反应"这几个环节最后产生行为，同时也存在人内在的需要以及内心的无意识产生行为的情形。人感知外界的主要渠道是通过视觉感知。人的知觉是一种主动探索信息的过程，这一过程需要人诸多的感知器官，诸如眼睛、鼻子、耳朵、皮肤等。本书不是要做全盘的关于人的感知器官的梳理，而是关注与街道环境更为密切的行为。

城市设计的要素是以人的活动、周边环境以及它们相互的联系三者共同作用组织形成的。从人的户外活动特征进行倒推，逆向分析环境对它的满足因素是一项长期而系统的研究方式。

人在街道中的各种行为表现如何系统地梳理是本章的要点。以三大主要行为——步行、车行、非机动车行作为横坐标，人在街道中的几种主要的其他行为为纵坐标，两组行为表现进行交叉结合，形成了人在街道行为表现的关系网。同时也是作为街道营造设计的重要设计依据。街道中人的行为系统与街道中系列的造物活动相结合，前者是表现街道中频繁发生的街道之中的"事"，后者是反映在人的行为与环境互动中产生的"物"——城市家具等。两者互为艺术设计方法中的主客体，一方的成立必须以另一方为条件基础。

第3章 街道之"空间"：城市中的街道

3.1 城市的"形"与"象"

3.1.1 "形"与"象"

"形"的字义在《说文》如曰："形，象也"，《玉篇》中"形，容也"。这里所指的形象、容貌，都是将形与象两者相联系，体现了它们相互包容的耐人寻味之关系。日常看到物体的形，是显性的形，诸如形状、形体等，它们都是直接可视的，即形是物体所呈现的可视"象"的状态。同时，我们也能感受到文字中一些隐性的形，诸如形势、形式、形制等，形在这里已经有了引申的意思，这种词义的升级使它具有了一定文化上的含义。

"象"字表面的字义除了《说文》中所说的"长鼻牙，南越大兽"本义之外，也有形的意思。《系辞传》曰："在天成象，在地成形，变化见矣"，可见"象""形"二者存在可以对应的相似性。而老子说"象"与"形"的关系是"大音希声，大象无形"（《老子》第四十一章），这个给"象"与"形"的关系又蒙上了一层哲学意味；"无形"是"象"的最高表现，"象"又是"形"的高级形式。

"形"与"象"合称"形象"，它首次以一个合成词出现，可以追溯到秦代的《吕氏春秋》："不设形象，与生与长，而言之与响。"现今一般意义上所说的形象，多是指视觉形象，这也是艺术设计学科关注的焦点概念。尽管形象是对外界物象的反映，由于它经过了视觉这个通道的过滤，就或多或少地要受到视觉的心理因素左右。视觉形象与物象本质的区别就在于它是非独立性且含有主观性，关于这一点，格式塔心理学家也曾作过深入的研究。在文学表述中，"象"即是"物"，而"物"即是"象"，但对艺术设计来说，客观"物"的视觉呈现如果没有加入人的感受，就无所谓它的呈象，尽管它存在。

3.1.2 城市"形"之设计

3.1.2.1 关于城市的概念

城市也叫城市聚落，是人类聚居形式的一种①。《辞海》中城市的释义为以非农业活动和非农业人口为主，具有一定规模的建筑、交通、绿化及公共设施用地的聚落。《说文解字》中"城"是"以盛民也"，清代段玉裁注释认为"言盛者，如黍稷之在器中也"。至于人出于何种目的建立了城市，从历史记载来看建立原因多种多样，比较多的原因是军事防御以及商业交换。

《康熙字典》与《说文解字》中都记载了"市"意为"买卖所之也"；《尔雅·释诂》中认为"贸贾，市也"。而今井登志喜在谈到古希腊城市起源时也曾这样描述："它不是逐渐从村落发展起来的，而是进行所谓 synoikismos，乃至兴建一下子就围起城墙的城市。然而 synoiki smos，亦即'兴建城市'的情况，传说中不一定清楚，但村民迅速集居而出现城市的原因，可以认为是共同防御的需要。"②

不同的学科视线中，城市的内涵也略有区别。在经济学家眼中，城市是聚集有限空间中，具有各种经济市场的网络系统。站在社会学视角，城市是人口密集、在地理上存在边界的社会组织。F. 吉伯德认为城市（urban）是"人工条件支配或控制了自然条件的一种环境"③，这些学科的相关概述都从侧面反映了城市的复杂性。人类整体的发展进步趋势引导着城市规模不断扩大，在这过程中生存与发展两大主题伴随着城市的不断壮大崛起，它体现着人类不断进取的需求。

3.1.2.2 关于城市"形"的设计

城市的形从一开始充满随意与随机的建造中逐渐形成，到逐步有意识地规划管理，已经经历了上千年。至今它依然在地球的版图上逐渐扩张、丰富，每天都在发生着细微的变化与更新，虽然有些变化不尽如人意。就如《拼贴城市》所描述的，我们每天只是在城市中把链接历史的那部分城市形态一片片地去除。而在该书作者眼中我们所说的"现代城市"形态远未实现。理想的城市之"形"应该如拼贴一样充满着城市每一个发展时代的历史元素与特征，而不是完全地抹去重来（见图 3.1）。

---

① 刘月琴. 城乡一体化小城镇绿地系统研究初探［D］. 哈尔滨：东北林业大学，2004：17.

② 黄静雯. 上海历史文化风貌区街道景观研究——以提篮桥历史文化风貌区为例［D］. 上海：上海师范大学，2014：16.

③ ［英］F. 吉伯德. 市镇设计［M］. 程里尧，译. 北京：中国建筑工业出版社，1983：1.

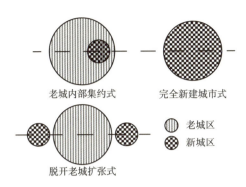

图 3.1 城市发展形态的几种基本模式

从中观与微观的角度,城市的形也充满着变化与特色。图 3.2 从城市的周边、乡村、郊区、大城区等不同局部切片展示出城市中观层面丰富的空间特征与肌理。

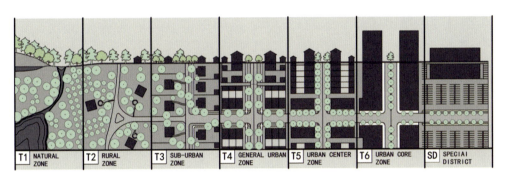

图 3.2 不同肌理的城市空间切片

资料来源:[美]迈克尔·杜宾斯. 城市设计与人 [M]. 奚雪松,黄仕伟,李海龙,译. 北京:电子工业出版社,2013。

20 世纪 50 年代,随着美国城市更新运动带来的负面影响,城市设计(urban design)一词开始出现,它取代了之前较为狭隘的"市政设计"(civic design)。城市设计的研究,涉及的学科众多,但总体上以两个层面为主:规划学层面以及建筑学层面。在所有的研究文献中,这两个学科无论是在研究历史还是现存文献方面都是最多的。前者从社会、经济的角度,把城市作为一个社会经济的场所。英国社会科学委员会(Social Science Research Council)将城市设计描述成"建筑学、景观学与城市规划的接合部"。因此它并非属于建筑设计学、城市规划学等传统城市研究学科,但它又与这些历史悠久的学科有十分重要的联系。

城市设计不但关注宏观的城市问题，也在较为中观的视角关注在城市中存在着更小的子系统，这些系统可能很多在视觉上并不突出，但对于城市建设的成败却至关重要，例如城镇设计中关于基础设施的子系统规划有城市家具设计工程规划、道路交通工程规划、给水工程规划、排水工程规划、电力工程规划、通信工程规划、环境卫生工程规划、防灾减灾工程规划、工程管线综合规划、用地竖向工程规划等。

相对而言，城市街道的设计是针对城市形态中观与微观区间中的城市设计内容，它既是城市设计的一个重要组成，也有自己特殊的设计方法。同时，"城市设计的'价值主体'，就是为了公共生活和公共利益而设计城市的空间"[1]。不断在响应群众的公共需求变化中，调整城市设计的策略，更为合理与长效地塑造城市街道之"形"，是街道美学设计的必经之路。

3.1.3　城市"象"之设计

伊利尔·沙里宁曾经说："让我看看你的城市，我就能说出这个城市居民在文化上追求的是什么。[2]"人们也在日常了解和体验中认识一个城市，对城市产生一种总体的印象，众人的这种"象"的综合即是城市形象。这就像一张张无形的名片，良好的城市形象会被城市的居民与过客不断地传递，随着影响力的持续增强，带动城市建设进入更高的层级。也正因为如此，许多进入 20 世纪初的中国城市、乡镇开始思考如何建设和提升自己的形象。

城市形象的提升主要依靠三种工具：城市理念识别、城市视觉识别和城市事件行为识别[3]。比较早的依靠城市形象设计运作的是英国的格拉斯哥，这个曾经拥有贫穷、脏乱等标签的城市，以"Glasgow's Miles Better"的城市形象新理念，开展了一系列相关运作，最终获得了成功——1999 年荣获"欧洲文化首都"美誉。街道美学营造的研究即属于城市视觉识别。这是一种显性城市形象提升方式，同时也是相关城市形象工程中勾选最多的选项，但也许是由于缺少系统的美学规划与循序渐进的执行，我国许多城市的实际形象提升效果十分有限，甚至花了大精力却事倍功半。

---

①　范文莉. 当代城市空间发展的前瞻性理论与设计：城市要素有机结合的城市设计 ［M］. 南京：东南大学出版社，2011：84

②　张东初，裴旭明. 从工业设计看城市公共设施的设计 ［J］. 城市问题，2003（3）：21-24.

③　陈颖. 城市形象塑造的营销学理念 ［A］. 国际住房与规划联合会第46届世界大会大学生论坛 ［C］. 天津：2002：178.

3.2　街道的界定

3.2.1　街道的概念

街道，通常意义是指两边有连续不断的房屋同时又有一定宽度的道路。根据道路宽度和内容的不同，不同的街道都有不同的称呼。在中国人的语言表述中，有 "街" "道" "路" "大道" "马路" 等，从宽泛的意义上讲都可以被理解为街道。但如果单独使用 "道路" 却有一些不同含义，它主要是以机动车通行为主要目的，同时类似 "高速公路" "国道" "省道" 等，习惯上这些都不在街道的词义范畴内。"街道" 一词在中国也有一些引申含义，比如街道也可以理解为街道机构，特指一级行政管理机构，是市辖区政府或县级市政府下属的管理机构。值得注意的是，有时我们也会把一些即使两边不存有连绵的建筑，但环境宜人、配套良好服务设施的道路，认为是街道。

3.2.2　街道的起源

街道，在现代汉语中是一个具有并列结构的词，可以说 "街" 与 "道" 都有很大的相同点及联系，它们的起源均能在中国的古典辞书中查到一些渊源。中国辞书之祖《尔雅》中相关的 "道" 之解释是："道者蹈也，路者露也"，它指出了道路是人频繁走动踩踏掉了野草后，逐渐而显露出来的路径。"街" 在《说文解字》与《康熙字典》[①] 中均注为 "四通道也"。《风俗通》："街，携也，离也。四出之路，携离而别也"；《汉书·梁冀列传》叙述 "冀乃大起第舍，而寿亦对街为宅"，描绘了东汉梁冀与孙寿的住宅隔街相对。

也有一种看法认为街道是 "街区" 与 "道路" 两个词词义的组合，在《美国传统词典》（*American Heritage Dictionary*）中，街区是指人们工作和学习等日常生活乐于聚集的地方；而道路是主要以交通通过性为主的路面。从这里可以看出，街道既包含构成道路的各种物质要素，也含有道路周边空间内社会、经济、人的行为、交往等社区性的 "社交形态和生活形态特征"[②]。

---

① 张玉书，陈廷敬等．康熙字典 [M]．上海：上海书店出版社，1985：1109.
② 曹芳伟．基于环境行为学理论下的城市街道研究 [D]．合肥：合肥工业大学，2009：22.

最早的道路出现在公元 2000 多年前，比较公认且有记载的道路是四条"琥珀道路"，它们位于欧洲的中部和东部，这是古代欧洲人因为商业而逐渐开拓出来的路面。在中国有关路的描述记载可以追溯到秦代，《史记·秦始皇本纪》有记载称：

"二十七年，始皇巡陇西、北地，出鸡头山，过回中。焉作信言渭南，已更命信宫为极庙，象天极。自极庙道通郦山（即骊山），作甘泉前殿。筑甬道，自咸阳属之。是岁，赐爵一级。治驰道。"

从这段记载中可见"驰道"已经是皇家主持修筑的重要道路。又据《汉书·贾山传》描述："（秦）为驰道于天下，东穷燕齐，南极吴楚，江湖之上，濒海之观毕至。道广五十步，三丈而树，厚筑其外，隐以金椎，树以青松。为驰道之丽至于此，使其后世曾不得邪径而托足焉"。可以看到"驰道"作为中国最早的"国道"，在当时具有相当庞大的覆盖范围，并且具有较高的建设规制。

中国北宋之前的城市"宽大的里坊以坊墙包围"，里坊之外禁止商业买卖，商业活动被限定到特定的区域（据记载，汉代有"九市"的商业特区），而且只能在"晨钟暮鼓"的特定时间段进行。这也有南北朝的《木兰辞》提及街市的词句①为证。到了唐朝的首都长安，中国词语中的"东西"可以集中在东市和西市两街区进行购买。直到北宋乾德三年逐渐打开坊巷与城市的隔阂，街道的形态出现了新的变化——沿街的商铺，著名的《清明上河图》也记录了这一段古代中国辉煌的街道空间形象。这样的空间开放，使得网络不断延伸，密度不断走高，"金角""银边"的铺位增多，沿街的商业也因此不断繁荣。

3.2.3 市书的街道

综上所述，本书关于街道研究空间范围，可以从街道的一般特征中抽离出来。它是"具有两边连续不断的建筑的道路"所包夹的"基面"，与普通人能感知的沿街立面共同构成的（见图 3.3）。

街道的"基面"（the floor）是以一条道路平面的平均高度为基础的水平面。通常情况下街道的路面并不是完全水平。有散水设计的坡度，也有不同道路材质肌理构成的高低错落的现实变化的干扰，因此在研究过程中选择了理想状态下的基面，为后续设计分析与设计图纸表现做好铺垫。

---

① 《木兰辞》中有街坊的相关描述："东市买骏马，西市买鞍鞯，南市买辔头，北市买长鞭"。

图 3.3　本书研究的"街道"范围

资料来源：梁勇（2010）。

对于感知限定，意大利人给了我们更多启示，他们认为：

"街道两旁必须排满建筑，形成封闭空间，这就像一口牙齿一样，由于连续性和韵律而形成美丽的街道，如果拔掉一颗牙，镶上一颗不同寻常的金牙，就会面目全非。同样，如果一幢建筑毁坏而另建一幢新的不协调的建筑，也就立即会打乱街道的均衡。[①]"

意大利人用牙齿并排林立围合来比喻可感知的街道空间，而卡莫纳（Carmona）则更为形象地用水的灌满容器来比喻这种感知。他认为户外空间可以分为"积极空间"与"消极空间"，其中"积极空间"就如街面与两旁的建筑平整的立面围合的一个长方体，人们可以很容易地想象水"灌入"其中，而"消极空间"是较难感知的。比如在连续建筑物周边的不定型的空间形状，似乎连续但又缺乏可以感知的边缘或形状，让人很难想象水"灌入"其中后的形状。按照卡莫纳的说法，空间的限定需要建筑、路面以及两者夹带的天空区域（见图 3.4）三个元素的感知[②]。

---

①　刘枫. 城市住宅街廊的小尺度围合式布局研究［D］. 天津：天津大学，2009：55.

②　［英］卡莫纳等. 公共场所——城市空间（城市设计的维度）［M］. 冯江，袁粤，万谦，等，译. 南京：江苏科学技术出版社，2006：150.

图3.4　从一处街道仰视天空：街道两边建筑围合的空间

资料来源：梁勇（2008）。

3.3　街道的形态与分类

3.3.1　街道的基市形态

街道的形态是三维立体的空间形态。探讨街道的形态，离不开建筑的形态，两者的关系如同一幅格式塔心理学中的多义图像，有正负两种图案形态同时呈现。所以从某种意义上说，街道的形态变化主要取决于围合建筑的形态，同时从宏观来看，街道与街道在平面上交织的道路网也是它的基本形态，许多对街道的研究都是从其平面上的形态表现作为开端。越是较为发达的城市，它的道路之间的连接程度越高，它的街道道路形态变化越丰富，在城市中的比重也就越高，从表3.1中各城市道路面积率的对比，可以看到交通环境已成为大城市生活环境的重要部分。

表3.1　　　　　　　　　　1980年世界一些大城市道路用地情况

城市	纽约	洛杉矶	华盛顿	伦敦	巴黎	东京	大阪	北京	上海	天津
道路面积率（%）	24.1	50.3	43	16.6	25	13.8	16.96	16.4	6.37	3.18

资料来源：熊广忠. 城市道路美学：城市道路与景观设计［M］. 北京：中国建筑工业出版社，1990。

注：表中数据摘自"世界大城市交通概况"，表中仅道路面积率一项，不包括其他交通设施如停车场等。

　　在规划与行政管理上，街道空间也被认为由各种用地线边界构成（见图 3.5）。首先我们可以把城市的各种功能用地称为地块，城市的建筑体就在地块围合成的边界内被逐步建造起来（这条边界在城市规划学科也被称为用地控制红线）。其次，地块与地块之上的建筑体外立面边界围合成了街区的空间。最后，连续的地块和街区边界构成了街道的空间，在街道空间，可以看到建筑与街道之间除了硬地和绿化带，道路基本被人行道、车行线等划分成更为细致的行政管理空间。

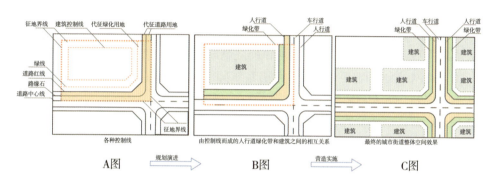

图 3.5　街道的形态在行政规划中的形成

资料来源：梁勇（2011）。

3.3.2　街道的行政分类

　　街道的分类主要是指行政管理部门按照其道路的不同功能定位进行的分类方式，街道相关的管理部门主要是城市规划部门以及交通部门等。由于行政管理的分类方式条理清晰、可操作性较强，世界各地都有推行。下面列举了一部分城市道路、街道的划分方法。

　　以中国为例，依照城市规划对道路的划分方式，城市的道路分为：城市快速路、城市主干道、城市次干道以及支路。另外，我国交通部门在城市规划制定者和现实空间考察的基础上，为了顺利组织人流、车流等城市交通流线，按照街道空间的城市功能划分了三种属性的街道，它们分别是交通型街道（通过性街道）、商业步行街道、生活型街道。不仅在城市，在县（市）域小城镇的公路也会分类与分级，小城镇区域涉及的公路按使用任务、性质和交通量大小分为两类和五个等级。两类为汽车专用公路、一般公路，五个等级是高速公路、一级公路、二级公路、三级公路、四级公路。值得一提的是，这些由英国人屈普（Alker Tripp）在 70 多年前就提出的按交通功能分级设置道路的理念，在解决城市交通拥堵问题上始终没有成功。

3.3.3 街道的形态分类

从城市不同的视角可以看到街道不同的形态，它的基本形态包括面状的路网空间、线性的路网空间以及点状的路口节点。它们三者共同构成了城市丰富的形态肌理。

3.3.3.1 面状的路网

城市中所有街道的水平投影呈现即是路网。路网在城市道路扩张中不断交织壮大，许多城市街道空间的特色及城市问题就凝结在这一张张交织的路网中。

街道路网的出现可以追溯到古希腊建筑师希波丹姆斯（Hippodamus）的方格网状街道规划，后人称之为希波丹姆斯模式（Hippodamus system），这种模式强调了秩序、和谐，但又不追求图面形式上的对称，摒弃了奴隶制社会的固有城市空间特征，他的模式被认为是汇集了奴隶制基础之上极尽民主特色和人本主义的设计方法。至今，我们从许多北美的城市街道的卫星图中依然可以看到这一模式的影响力，例如棋盘式的纽约曼哈顿。

城镇中街道网络有几种基本的表现形式（见图 3.6），道格拉斯归纳的这些路网变化形式在现今的城市建设中还会随着自然地形、建筑排列、居民的特殊需要等因素产生更为复杂的变化。但从类型学角度看，这些变化都离不开图 3.6 中的几种形式，即使是中国元朝的典型北京胡同（见图 3.7）也能看到这样的结构。

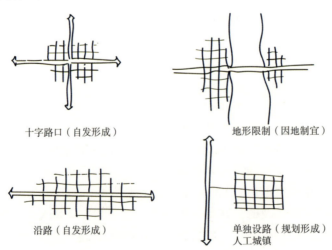

十字路口（自发形成）　　　　　　地形限制（因地制宜）

沿路（自发形成）　　　　　　单独设备（规划形成）
　　　　　　　　　　　　　　人工城镇

图 3.6　城镇街道形成的几种形式

资料来源：[美] 道格拉斯·凯尔博. 共享空间：关于邻里与区域设计 [M]. 吕斌，覃宁宁，黄诩，译. 北京：中国建筑工业出版社，2007。

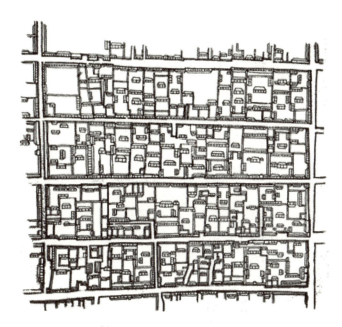

图 3.7　《乾隆京城全图》中元大都时代的胡同

资料来源: 王军. 采访本上的城市 [M]. 北京: 生活·读书·新知三联书店, 2008。

事实上我国最早在周朝就有关于路网的规制记载: "匠人营国, 方九里, 旁三门, 国中九经九纬……经涂九轨, 环涂七轨, 野涂五轨[①]", 即王城规划中的建筑及道路网均为方格网, 城市道路有经纬交叉, 城的四周有环涂围绕, 野涂是连接王城与诸侯国的城际道路, 经涂、野涂均有明确的设计标准[②]。中国现今许多城市依然可以看见 "九经九纬" 的路网痕迹。

同时我们也注意到许多街道的路网出于某种意识形态的需要而被非常有规律地排布成非常规形态, 例如法国巴黎的辐射式路网等, 虽然形态特殊, 但由于不具有现代街道空间普遍代表性, 这里将不再展开累述。

3.3.3.2　线性的道路

从形态学角度分析一条街道的平面形态, 基本由线性道路和街道的端口两种形态为主。线性的街道通常情况下看到的是它道路中轴线的线性变化——直线、曲线等, 只是轴线的长短与变化取决于线性的走势, 在探讨这一形态的空间时, 往往采取的是 "标准段" 研究法, 从重复而有节奏的线性街道中取一段最具代表性的单元长度进行分析。同时还有纵向的分析。街道立面 "标准段" 分析就是从

---

① 聂康才. 注重景观生态的城市交通与道路系统规划研究 [D]. 西安: 西安建筑科技大学, 2005: 34.
② 毛海虓. 中国城市居民出行特征研究 [D]. 北京: 北京工业大学, 2005: 24.

街道的宽度着手分析街道中绿化带、硬路肩、非机动车道、机动车道以及两边建筑等之间的尺度关系（见图3.8）。通常情况下立面"标准段"图能够反映街道的基本空间结构，平面"标准段"图可以表示空间中"物"的分布与配置情况。

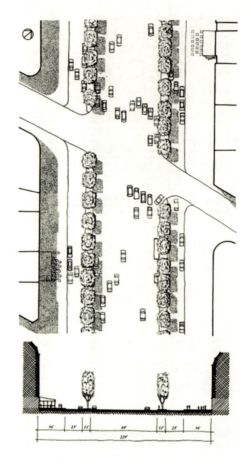

图3.8 香榭丽舍道路的平面及立面分析

资料来源：[美]阿兰·B.雅各布斯.伟大的街道[M].王又佳，金秋野，译.北京：中国建筑工业出版社，2009。

3.3.3.3 点状的路口

路口（crossing）是街道的一端或是街道交叉汇聚的地方，因此和线性的街道相对的是它以点状的形态呈现。作为一条线的一端和两条或多条线的交叉点，街道的路口有多重表现，比较常见的是十字形、丁字形（T字形）、Y字形、圆环形等。随着现代交通实践思考的增多，除了以上所说的平面相交的道路，为了解决交通通过量的问题，也出现了全新的路口概念，那就是立体交叉路口（interchange）。这种交叉法分为地上和地下两种，普通路口的上端建立专门道路，通常以人车分离的设计理念为先导；而另一种地下立体交叉路口，则是近几年开始被推广开的新型路口，通常它是将交叉的两条道路中交通流量较大的道路的机动车道，在交会时改为直接从另一条道的地下通过，减少了交通信号灯的灯次，大大提高了通行速度，避免出现道路的瞬间拥堵。

街道路口的结构变化较多，而且交通、信息等方面的人性化需求特别集中，所以在街道空间美学提升的工程中往往占据重要的位置。同时它可能正好是一条街，一个区域的门户的入口，人们对它的期待不只是一个入口的形象功能，因此关于它的营造有许多值得深入研究的内容需要去展开。

3.4　街道的社会性

除了以上的街道形态分类，街道也是人类活动的重要空间，它作为城市一种基本构成元素，也是城市设计的一项重要因素。对物质形态的设计探讨离不开人的社会性因素，因此仅仅从形态造型角度分析街道是不够充分的。尤其是人与人之间构成的有意义空间——场所。探讨街道的形态与场所因素就是要从城市设计的角度对设计对象进行社会性的再剖析。

3.4.1　街道的社会意义

街道不仅仅是一种公共设施，也不仅仅是像给排水管或电缆一样的公共设备，尽管这些管线经常能够在街道中找到自己的位置；街道也不仅仅是一种线性的物理空间，不只是允许人流或货流经由通达的途径。或许对于一些公共道路、高速公路、收费道路而言，上述那些功能都是其主要或唯一的目的，但绝大多数街道都不只是为了那个简单的目的而存在。

——阿兰·B. 雅各布斯

城市街道比一般的城市道路承载着更丰富的内涵，它也在人们的广泛簇拥之中展现它的艺术魅力与价值。在《艺术原则下的城市规划》（*City Planning According to Artisitic Principle*，*Collins and Collins*）中，卡米洛·西特（Camillo Sitte）提出：

"理想的街道必须形成一个完全封闭的单元！一个人的印象越是限制在里面，那生动的场面就越加完美；人在直线不会消散的空间中会感觉舒适……"

在西特（Sitte）眼中的街道似乎是通过中国古典园林中框景的艺术处理手法，让人们在这一暂时封闭的街道里面看到的瞬间凝入画面的街道景色，体现了街道不同一般的美学倾向。

街道也是场所，它不仅包含了其自身的现实场所（空间），更含有与之互动的社会场所。人在场所之中会被相互的影响，他们的行为也会变得与此场所相适应，优良品质的街道场所能催生出更多人以积极向上的行为方式在此处聚集。正如一位作家在描写街道的时候说：

"街道太重要了，因为它表现了人体的总需要，你理解了街道上各种各样的店铺之后，你就知道了人体的需要，你沿着街道行走的时候也就是沿着自己的神经在行走，街道上能做和不能做的事情是文明的成果，……①"

从大的形象格局看，街道也是一个城市的标志。有许多被人熟悉的城市都可能是源自它们拥有的著名的街道，而且每一处城市也都可能存在一条当地最为人乐道的街道。例如法国巴黎的香榭丽舍大街、美国纽约的第五大道、奥地利维也纳克恩顿大街、日本京都新宿大道、新加坡乌节路、中国上海的外滩等。这些影响足以让人意识到对于城市主要街道的营造与管理的意义，哪怕只是在美学层面的。

街道的主要功能是交通，但人多样性的需求给街道赋予了丰富的内涵，它在与周围环境的不断互动中，释放出新时期街道的特殊意义。但现实社会中许多街道过度强调交通性，经常割裂与环境的关系，实际上成了瓦解空间品质的因素。

3.4.2　街道的场所营造

场所是指公共环境，是所有人公用的、用于完成各种公共活动的空间，在这些公共空间中会聚集有明显特征的行为活动。这些公共环境包括：为了交通换乘的交通枢纽；步行空间；为了休闲的公园；停车空间；驾车、就餐、游玩、聚会、节庆、游行的场所；等等。在许多场所的设计中都会突出其美观性与实用性，以整体提升空间质量。过去许多年来，"场所精神"在实践中逐渐被大城市化建设所弱化，甚至解体，但作为整体概念化设计道路的先行者，它又逐渐恢复了往日的生机。

在20世纪中叶后，"场所"成为许多学科关注的一个热点。诺伯-舒兹（Christian Norberg-Schulz）在《场所精神》一书中首次从建筑学视角提出了场所精神（genius loci）。许多学者也试图用不同的概念来解释场所，如社会学家戈夫

---

①　严力. 街道是都市人的神经［J］. 名作欣赏：中学阅读，2009，（6）：50.

曼在《日常生活中的自我呈现》探讨时"区域与区域行为"中用了"地域"（regions），还有英国著名社会学家安东尼·吉登斯（Anthony Giddens）的"地点"概念以及戴伯戈（Dyerberg）的"节点"概念等①，这些论述表明不同学科可以从许多视角进行审视与研究场所。在艺术设计的视线中，空间的营造意义就在于将普通的场地（site）变为场所（place），将场所更加匹配人的活动，甚至创建主动影响人的行为的良好环境。

在中国古典哲学思想中对空间组织的理想表达是"境"一词，意境让空间有了特别的意义。在设计理念上我国的古人也时常会提到《道德经》中"有之以为利，无之以为用"，来说明处理看似"无用"空间对现实的重要性。

街道之所以呈现如今的形态与上文提及的城市设计三要素中人与空间的相互作用、相互塑造密不可分。充满社交机会的街道会让其充满吸引力，正如美国评论家 B. 鲁道夫斯基在《人的街道》中描述：

"博洛尼亚市民整天来往于柱廊之中，尽管如此，仍有一天去两次的习惯，他们绝不想取消柱廊下的仪式性散步。中午和黄昏时，大量人流在这个最大城市走廊上来回遛弯儿，这时要是不遇上朋友简直是不可能的……②"

城市的物质空间环境是城市社会生活空间的组织媒介，著名的城市化研究小组"TEAM X"进一步认为，它的结构是从人与其社会互动关系中发展而来。将人与人之间活跃的场所关系，用造物设计、空间设计在城市街道中做出回应，有利于提升街道空间的社会属性。空间本身就不只是人类活动的孤立背景，解析这样的关系为研究街道空间中的视觉要素系统规划的方法创新奠定了必要的基础。

3.4.3　场所到区域

场所是场地与场地上发生行为的总和，但它不能被简单地理解为场地（place），罗马人认为存在"场所精神"，即人与场所的背后都有"守护的神灵"始终伴随在它们的周边，同时也决定了这个场所的性质与特点。区域则是一种土地界线的划分。它是较大的范围内具有的一种空间行为特质的地域划分，相对于场所来说涵盖更大、内容更丰富。场所为场地注入了人的磁场，这一磁场会吸引相同行为属性的人群，如果它逐渐形成一个更大的区域，则会让人产生认同感和归属感。因此用场所的视角来设计区域，让场所与区域发生空间位置的叠合有重要的现实意义。

① 程世丹. 当代城市场所营造理论与方法研究 [D]. 重庆：重庆大学，2007：25.
② 余涛. 商业街空间环境系统化设计分析——以西安西大街为例 [D]. 西安：长安大学，2009：11.

从具体方法上来看，城市中的场所也是人与空间互动作用的结果，从广义上讲，城市视觉要素的设计可以在物质空间环境、人类活动以及两者的相互联系，这三个层面上获得答案。而如何做到街道的宜人与高效，就需要我们回到人的户外行为与街道空间之本源。在街道两边，各种城市实体的排布、街道空间的合理组织、街道美学综合提升都离不开在视觉上回应人的尺度和户外行为。同时，城市空间也在间接地影响人的行为方式和心理。在城市空间不断变化更新的过程中，城市人所受到的影响也是巨大的。许多国家的人群对街道空间的感受也很不相同。对于意大利人来说，街道甚至是生活挚爱表现的一部分；芦原义信则认为，与意大利、英国国情不同，日本人对广场和公园的外部空间关注度偏低，但更有塑造艺术性较高的室内空间的意愿。

街道是人日常生活和活动体验的一个主体，用"场所精神"来引导街道环境的营造，形成区域的划分，可以更好完成街道中"物"的配置设计，达成特性鲜明的人性化的互动空间。所谓人性化的环境空间营造即是通过人为干预塑造产生的舒适环境，人们可以在这个环境中以自己喜欢的方式进行公共活动，寻找适合自己的场所感，任何设计都是基于对人在一定方面的研究与理解，用设计做出的回应。区域的划分有助于正确配置与设计相关街道的内容。城市设计中的区域划分不同于城市管理范畴的行政区域划分，区域的划分主要取决其中的空间功能特征，这些特征有些是逐渐形成，有些是后天塑造。逐渐形成特征的区域如同贴了标签一样显而易见，例如英国牛津这个大区域就是因为大学学区而闻名。

3.5　本章小结

如果我们把建筑视为限定空间的城市系统，那么这个系统中以网格所主导的线性空间就是街道系统。本章节突出论述了城市与街道的空间关系、城市中"形"与"象"的关系，最重要的是分析了街道的界定与街道的形态。

本章研究的街道的空间范围，可以从街道的一般特征中抽离出来。它是由"具有两边连续不断的建筑的道路"所包夹的"基面"，与普通人能感知的沿街立面共同构成的。

同时在街道的形态与其特征方面，街道是城市空间中建筑以外的主要空间形态，甚至一个地区的道路面积的比例可以从侧面反映其城市的基本面貌。本章从物质形态、社会形态等几个方面进行陈述。在社会形态方面，强调场所对街道的重要性。同时对街道物质形态从成因、形态特征、影响因素等进行了分析；尤其是关于街道物质空间的描述对本研究后期如何运用设计语言对于空间中任意点位的创新方法研究有重要的基础性作用。

第4章 街道之"物"：城市家具

4.1 街道中的 "物"

4.1.1 街道中 "物" 的界定

"城市中一切看到的东西，都是要素"[1]，从街上的广告牌、种植的绿植到地面的一块窨井盖，都属于街道中的"物"。其中城市管理者主导建设的主要以城市家具、市政基础设施等为主，它们是构成城市视觉秩序的重要元素，承载着城市人日常生活、休闲娱乐等诸多切实需求；同时它们也与建筑、广场、公园、江河等城市空间一起共同搭建出了城市视觉形象，对一个城市文化的形成和品质的塑造有着直接的影响。

提出"物"的概念在设计方法创新过程中最大的意义在于回到街道空间设计问题的本源，即"人—空间—物"三者的关系网络之中。人在街道空间中的需求、活动，在回到本源的前提下，应该首先肯定需要各种"物"的存在。生活即是老师，分析和了解街道空间中所有的现实"物"，就能知道这个城市需要什么，这个城市的居民需要什么。同时，看清"物"的本质与变化，才有可能进一步掌握规律，在未知的未来需求中主动为人在街道空间的活动与生活创造新的"物"。对系统的这种主动设计的方法的起点就是对街道空间中"物"的再认识与再梳理。

因此，在对街道空间有足够的分析认识的基础上，对街道上的"物"的表现形式和种类也要展开系统的梳理和研究。"城市物质空间环境，一般意义上指的是城市中有一定规模的、静态的、相对永久的物质实体，如城市建筑物、街道广场、工程设施、道路、历史遗迹、山丘、河流、公园、绿地，甚至树木……[2]"学者对空间中的实体物的表述范围之广、涵盖之多，的确会对具体的研究与街道营造实施造成一定的困扰。只有厘清其中的界线和相关要素，才可以在后期的街道空间营造及要素布局中有的放矢。

---

[1][2] 范文莉. 以城市设计为视角的当代城市要素有机结合研究 [D]. 上海：同济大学，2008.

从广义上看，街道空间内直接看到的各种实体物种类繁多，不胜枚举，比如大与小、动与静、固定与临时、道路红线内与建筑红线内、属于市政管辖与属于商户负责等，如果任何都包含在其中，显然不利于系统而有效地开展研究。这里关注的"物"是本书研究限定的街道空间之内，以城市家具为主体的各种由城市管理者主导或负责装配固定于街道基面上的"物"。即便是这样的界定，这里的"物"还会包括诸如城市道路绿化、停放的公共自行车（属于城市装备）等归属模糊的内容；同时城市家具的涵盖，这一问题本身在学界还是有待厘清的，因此有必要进一步阐述城市家具的曲直[1]。

4.1.1.1 城市家具与公共设施

表述城市家具的概念，首先需要提及的是公共设施。在中国城市家具与公共设施两者之间存在着词义涵盖上的相通与时代潮流的变化。设计师克莱尔（Rob Krier）认为："公共设施就是指城市内开放的用于室外活动的、人们可以感知的设施，它具有几何特征和美学质量，包括公共的、半公共的供内部使用的设施"[2]。

在中国关于公共设施的含义，一般是指狭义的公共设施，带有明显的产品性质，有明显的产品功能属性。学界还有些包含了公共交通道路、公共广场甚至公共绿地空间等大体量的公共设施，即广义公共设施。

城市家具（urban furniture）最早起源于英国，相关的名词在英国被称为"街道家具"（street furniture），在其他国家也有被叫作"步行者道路的家具"或"道的装置"等[3]。这些词语很形象地说明了城市家具的"家庭"属性，这里的家具已不只是为了小家，更是为了大家的便利与使用。

通过以上各国对于城市家具的描述，深度探究会发现城市家具的定义表述与内容涵盖在各国会有些区别，这种不明确是源自城市家具的概念同时蕴含着人主观判断的因素。它并没有成为一种十分精确的科学命名，更多的是指向人对街道上的相关实体的共识。各国的这些概念表述都体现出城市家具的一大共性，就是与街道界面上的人关系密切，与人接触互动较为频繁。

城市家具包含的元素较多，有些学者笼统地认为它是街道上各种功能设施的总称，它包括了与地面景观不同的硬质景观元素——电话亭、交通信息杆、指示牌、临时路障、长椅、交通标志、花钵、监控摄像头、警察岗亭、安全岛护桩、公共汽车站、雕像、纪念碑等。习惯上，公共艺术也被称为城市家具的一种形式。城市家具的品质与配置组织也是衡量一个城市空间优劣的标准。拙劣的单体城市

① 由于本书的焦点选择，所以之后书中所提到的"物"都将以城市家具系统为"物"的主要陈述对象。
② 张东初，裴旭明. 从工业设计看城市公共设施的设计 [J]. 城市问题，2003（3）：21–24.
③ 陈超，韩颖. 浅析我国城市公共设施建设 [J]. 江苏建筑，2014（3）：13–16.

家具设计或者混乱的城市家具配置都会损害城市应有的形象。良好的城市家具则有助于塑造区域风格与强化空间特性。因此城市家具的相关指标与各种空间评价指标一起为"地区的发展设定质量标准和期望值"①。

4.1.1.2　相近概念的思辨

"任何一个概念都可以引出一切哲学思考"，维特根斯坦关于一把椅子的定义可以联系出相关的哲学思考。关于城市家具，如果要真正了解它的内涵，也不能不提到与之相关的概念。在中国这些概念就有公共设施、城市基础设施、城市家具等一些不同的用词。几个词语特定语境中有着共识性的指代，相近而又不同，甚至这些词语之间还存在你中有我、我中有你的关系。不同国家和地区对同一个词语的指代也不完全一样。

城市基础设施（urban infrastructure）是城市运行与发展中必不可少的工程性基础设施和社会性基础设施的总称。工程性基础设施有城市的排水系统、能源系统、交通系统、防灾系统等，社会性基础设施有文化教育、商业金融等设施。通常意义的城市基础设施主要是指工程性基础设施。它的涵盖相对于城市家具更加宽泛和宏观，而且在具体视觉表现上，许多的城市（工程性）基础设施在环境中处于"隐蔽"状态，而且与普通人的行为关系并不直接，如城市地表以下深埋的能源线路与排水系统等。

城市公共装备简称城市装备，是近几年出现的概念，它更多的是一种应急临时性、可移动的城市设备，这些设备的运用往往要与现有的公共设施结合。比如消防车就是一种城市公共装备，它在城市某处发生火灾险情时，就会迅速驶向事发地点，并且与预埋在各处的消防水路对接，以应对城市的正常运行。

总结上述一组概念的联系与区别可以看出，城市家具在内容涵盖上与公共设施有大量重叠的部分，这些部分在体量上和被使用频率上更贴近普通人在公共空间的日常需求，它比公共设施的概念更具亲切感和场所感；相比之下公共设施并不只局限于城市家具的小"家具体量"，在中国，许多大体量的建筑也涵盖于广义的公共设施概念之中。

4.1.2　城市家具分类

以街道中的城市家具为例，习惯上各国对以城市家具为主的街道环境中的"物"按照本国的功能实际进行大类的区分，即使方向一致，也因为国情的差异略有不同（见表 4.1）。

---

① ［英］卡莫纳等. 公共场所——城市空间（城市设计的维度）［M］. 冯江，袁粤，万谦，等译. 南京：江苏科学技术出版社，2006：156.

表4.1　四国关于街道环境设施（以城市家具为主）的不同分类

日本	英国	德国	中国
(1) 道路本体的要素 a. 土木工程的基础 b. 路面的铺装工程 (2) 道路构筑物要素 a. 桥梁、高架立交桥 b. 隧道、地下通道 c. 道路隔离栅、防护墩 (3) 道路附属物要素 a. 交通安全要素（立交桥、防护栅、道路照明、视线诱导标识、眩光防止装置、道路交通反光镜等） b. 交通管理要素（道路标识、道路信号、可变性标识、交通管理驾驶系列等） c. 驻车场等要素（管理亭、停车场、休息处等） d. 防雪、除雪要素 e. 安全要素 f. 共同隔离要素 g. 离街隔离要素（如道路与道路以外的环境的隔离沟或绿化隔离带等） h. 绿化要素 (4) 道路空间要素 a. 空间要素（地下街） b. 设备要素（电力、电话亭、给水道、排水道等） c. 休息要素（长椅等） d. 卫生要素（垃圾箱、烟灰缸、饮水器、公共厕所） (5) 照明要素（步行者专用照明、商店照明、投光照明） (6) 交通要素（公共车站、停车场等） (7) 信息要素（道路、住宅区引导标识等） (8) 配景要素（道路、喷水等） (9) 购物要素（贩卖亭等） (10) 其他要素	(1) 高柱照明（high mast lighting） (2) 环境保护机关制定的照明（lighting columns DOE approved） (3) 照明灯 A（lighting columns group A） (4) 照明灯 B（lighting columns group B） (5) 舞台演出照明（amenity lighting） (6) 街路灯（street lighting lanterns） (7) 止路障柱（bollards） (8) 防火砂箱（litter bins and grit bins） (9) 交通隧道（bus shelters） (10) 室外休息椅（outdoor seats） (11) 儿童游乐设施（children's play equipment） (12) 广告塔（poster display units） (13) 道路标识（road signs） (14) 室外广告实体（outdoor advertising sings） (15) 防护栏、栏杆、护墙（guard rails, parapets, fencing and walling） (16) 铺地好绿化（paving and planting） (17) 人行天桥（footbridge for urban roads） (18) 停车车站和室外停车场（garages and external storage） (19) 其他（miscellany）	(1) 地板材（floor covering） (2) 栅（limit） (3) 照明（lighting） (4) 裱装（facade） (5) 屋顶（roof covering） (6) 配置（disposition Obj.） (7) 坐物（seating facility） (8) 植物（vegetation） (9) 水（water） (10) 游乐具（playing object） (11) 艺术品（object of art） (12) 广告（advertising） (13) 引导、询问处（information） (14) 告示（sign posting） (15) 旗（flag） (16) 玻璃装饰橱（show-case） (17) 售货亭（sales stand） (18) 简易售货店（kiosk） (19) 销售陈列摊位（exhibition pavilion） (20) 桌和椅（table and chairs） (21) 垃圾箱（waste bin） (22) 停车场（bicycle stand） (23) 钟表（clock） (24) 邮筒、邮箱（letter box）	(1) 管理设施系统：控制设施，电气管理、电线柱、路灯、消防管理设施等 (2) 照明设施系统：道路照明、广场照明、商业街照明、公园照明灯 (3) 信息、识别设施系统：标识、公用电话等 (4) 卫生设施系统：垃圾箱、烟灰缸、饮水器、洗手器、公共厕所等 (5) 休息设施系统：休息椅、凳等 (6) 交通设施系统：人行天桥、连拱廊、止路障碍、铺地、公共汽车站、自行车停车处等 (7) 游乐具设施系统：静态游乐具、动态游乐具、复合性游乐具等 (8) 无障碍设施系统：交通、信息、卫生等 (9) 配景设施系统：水景、绿化、雕塑等 (10) 其他要素设施系统：购售系统、计时装置

资料来源：王昀、王菁菁·城市环境设施设计［M］·上海：上海人民美术出版社，2006。

在国内，城市家具的分类和公共设施的分类方法基本重合，都是基于城市各个系统的服务功能来划分，例如照明系统、无障碍系统、交通系统、清洁系统、信息系统、辅助系统等。本书的研究在这些传统的分类基础上，尝试从空间美学营造的角度，用形态的属性将城市家具进行重新归类，这在 "物" 的整合研究中会详细阐述。

4.2　 "物" 的分类编码法

《国家中长期科学和技术发展规划纲要（2006—2020 年）》中指出：我国已进入快速城镇化时期。实现城镇化和城市协调发展，对科技提出迫切需要。其中优先开展的主题包括城市网络化基础信息共享技术、城市基础数据获取与更新技术、城市多元数据整合与挖掘技术、城市多维建模与模拟技术、城市动态监测与应用关键技术、城市网络信息共享标准规范等。对于城市街道的设施梳理来说，这也是迫在眉睫的系统工程，结合国家的中长期科学技术发展愿景规划和城市设计数据化相关标准，我们对街道中以城市家具为代表的 "物" 进行了适合美学营造工程设计方法的分类编码研究。

4.2.1　街道中 "物" 的分类

4.2.1.1　 "物" 的分类依据

对于很多人来说，各种城市视觉要素在空间中都是显而易见、习以为常的。几乎每个人只要稍加思索，都能很快说出经过的街道背景中有哪些令人印象深刻的空间内容。在城市设计与规划中，对于 "物" 的分类以及物与物之间的联系却分析甚少，以至于在最终和最初的规划设计中都缺乏统一的表述，更谈不上进一步系统设计。

"美学的秩序与和谐来自模式的分类和识别" 是格式塔心理学家曾经提出的关于美学评价现实标准的主要论断。它从逻辑上推导了类型学方法对美学营造的促进作用，然而对于美学层面形态的分门别类却有着相当复杂的一面。为了让空间环境更易被进一步研究，阿恩海姆（Arnheim）进一步提出运用组织或分组的原理进行 "好" 的形式创造的建议。

1953 年，英国学者吉伯德认为："城市是由街道、交通和公共工程等设施以及劳动、居住、游憩和集会等使用活动系统所组成。把这些内容按照功能和美学原则组织在一起，就是城市设计的本质。[①]" ——这是城市设计探索中比较早将空

---

① ［英］F. 吉伯德. 市镇设计［M］. 程里尧，译. 北京：中国建筑工业出版社，1983：22.

间环境的美学与环境使用的功能性同时加以强调的论述①。

4.2.1.2　分类方式的选择

分类就是遵循分类学原理和方法，对各种类群进行命名和等级划分。最早是生物学家林奈将生物命名分类用了域、界（kingdom）、门（phylum）、纲（class）、目（order）、科（family）、属（genus）、种（species）这几个等级，许多学科也一直沿用这样的分类方式。

以街道中的城市家具为例，传统城市家具类型按照功能大致划分。而在街道美学的系统整合中，视觉形象是最终目标，视觉形态则是主要的整合内容。设计形态学中造型的基本要素可以用形状、色彩、材质来概括。在现实的视觉实验中，物体处于一定观察距离时，这三种要素里面色彩是易被感知的，随着距离的逐渐缩小，才逐渐感知到形状，最后是材质。因此色彩与形状可以被用作城市家具的分类依据，这两个要素在距离相同的条件下，色彩最易被识别，但人的视觉认知所包含的信息没有形状来得丰富，因此选择形状作为编码分类的最大科属最为合适。

4.2.2　"物"的编码创建

4.2.2.1　相关空间规划数据编码方法

目前我国有在编的《城市规划数据标准》，但从基本内容上看，只是对城市规划法定的内容中空间数据的基础内容进行了规定，具体内容包括城市规划数据分类、编码、图式及数据质量等，其中数据质量以数据报告的形式进行了规定。对于城市规划设计空间数据进度标准评判只具有指导意义，并没有现实的操作意义。在城市规划层面的这一指导标准下，出现了多个关于编码方法的研究，这也间接为艺术设计层面的街道城市家具系统"物"的编码提供了良好的借鉴。

1994年时任美国总统克林顿发布了总统令，提出建立国家空间数据基础设施（NSDI）。在美国的带动下，世界各国均开始研究和建立各自的NSDI、跨国家的地区性空间数据基础设施（RSDI）和全球空间数据基础设施（GSDI）。建立空间数据基础设施的目的是为了推动各种地理空间数据集的不重复采集，减少浪费，协调地理空间数据的使用，加强对地理信息资源有效而经济的管理。

同时良好的编码方式可以使城市空间设计者与相关团队有更好的沟通，促进城市家具系统规划与实施的全面与高效。以城市家具系统中的门牌号码编写为例，

①　范文莉．以城市设计为视角的当代城市要素有机结合研究［D］．上海：同济大学建筑与城市规划学院，2008：8.

中国的门牌编码方式以前没有统一的规则，基本上都是各地规划局自己制定。这就导致了中国国内公民在各个城市都要在视知觉层面重新"学习"门牌排序，以找到自己标的位置，这本身就是相关路人的一次眼力与脚力的异地历练。无论是对门牌号的尺寸、颜色等视觉要素的重新设定规范，还是对悬挂位置、数字的南北起序等原则的再次规定，都不能从根本上解决这一基本街道问题。其原因在于没有从人最基本的空间行为特征分析，还原其最真实的即时性需求特点。相对于国内的门牌号编码方式，其他国家的做法可以给我们一些参考与思路。在美国，采用一个街区 100 进位，首个街区分配 100 个号码，不管有无用完，都从第二个街区重新开 100 个门牌号码。所以有人要寻找 404 这个门牌号，不用多想，只要从第一个街区的位置数过去再走三个十字路口就能找到目的地。中外街道中的一个编码方式的对比充分反映了编码不仅关系到人们日常行为的便利，更在设计方法上有科学选择编码规则与标准的需要。

4.2.2.2　分类编码的原则

根据上一节关于分类依据的论述，对比编码形式的优越性，本书采用了视觉形态作为编码分类的依据，对城市街道的"物"进行了细致的分类，尤其对街道空间影响较大的"物"——城市家具做出其分类的调查研究。采用分类编码法有许多优势，可以归纳为以下几点：

（1）科学性

科学性是标准化的基本原则，也是本研究的首要前提。2008 年开始施行的《中华人民共和国城乡规划法》对城乡规划提出的要求是提高城乡规划制定的科学性，保障规划实施的严肃性。可以看出规划科学性的要求就直接体现在技术标准的贯彻中。

在艺术化的造型创作开始之前，要先分门别类地整理出需要进行设计的内容及相关注意事项。在后续的调整过程中，也可以根据编码迅速找到需要科学调整的具体内容。

（2）协调性

将城市规划设计信息化建设所需的各类标准分门别类地纳入相应的体系表中，并使这些标准协调一致，相互匹配，初步构成一个完整的框架。这也是艺术设计方法中采用编码法的主要依据，清晰的阶梯式分类表达更为规范、清晰，可以使后续的实施者和管理者能与设计师有更为一致的工作协同性。

（3）系统性

系统性的原则主要体现在街道中相关城市家具的整体关联性与个体之间可控的差别化的把控。如具体的编码方法上如何与现有的城市家具的编码与整体的城市设计信息化衔接，并且以专业的设计序列进行编排。同时系统性也体现在内容结构上做到层次合理、分明，标准之间体现出相互依赖、衔接的配套关系，并避免相互间的交叉。

学科的科学化离不开技术手段的系统化，传统城市规划设计多以定性分析及半定量为主要手段，而在快速发展的中国当代社会，仅靠定性及半定量分析决策未来城市与区域的发展是远远不够的。

（4）可扩充性

应考虑城市规划设计的发展对标准提出的更新、扩展和延伸的要求。城市规划设计空间数据标准的内容并非一成不变，它将随着城市规划设计、信息技术的发展和相关国际标准、国家标准、行业标准的不断完善而得到充实与更新。

（5）先进性

该编码方式在现有国家标准和相关研究基础上，努力做到与国家、国际的设计标准与方法相结合。在进行街道空间设计标准研究的过程中，既考虑到当前城市街道的客观空间需求，也要考虑到社会发展水平、科技进步水平，对未来城市的认识和需求有所预见，使整个研究能适应城市规划设计和信息技术的发展。

4.2.2.3 编码的方法解析

关于物的编码的方法主要有以下几个关键：首先是从形态的角度梳理。在编码的字符上采用字母符号。从形态上对城市形象的视觉载体着重"科"的大区分；接着是主要从功能的角度出发梳理编号的第二段符号作为"属"的等级，第二段编码采用十位的数字，从"01"开始直到"99"编号；第三段是"种"，它是对前面的"属"与"科"产生的变体进行细节描述（见图4.1）。

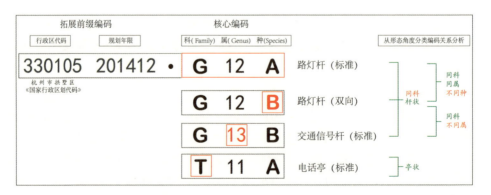

图4.1　街道空间中"物"的编码解析

资料来源：梁勇（2012）。

例如，带双向照明的路灯杆。首先它的形态是杆属，所以首个符号是字母 G（"杆"的拼音首字母）。第二组是"科"，在功能上区分，第二段的编号是按照它的主要功能来划分，属于道路用照明；功能用数字 12 表示，路灯的基本功能中加入了双向照明功能，属于路灯科属下面的一个亚"种"，所以用一个字母表示它的变体，如字母 B，即带双向照明的路灯杆，就可以形成这件物体的编码，即 G12B 路灯杆（双向）。

核心编码体现了形状为主要区别，功能区别为辅助，最后一位字母编码体现了形态的亚种。不同的科可以从首字母进行区别，如 G 代表杆状科，T 代表亭状科。除了以上的核心编码，完整的编码会有拓展前缀编码，主要体现了规划地点（行政区划代码[①]，6 位数字）和规划年限（6 ~ 8 位数字）。

4.2.2.4　编码的补充规则

参照城市设计的编码标准，结合街道美学营造规划的特点（城市家具为主），同时，为了和城市设计的其他规划设计做好数据上的衔接，需要补充全系列编码名的制定规则。

全系列编码名采用 20 位字母数字混合代码、行列号数位不足者前面补 0，分为前缀代码、核心代码与扩展后缀代码三个部分组成，扩展后缀代码因城市家具的型号代号不同而不同。

前缀代码共 12 位数字，前 6 位为行政区划代码，其代码参照《中华人民共和国行政区划代码表》（GB/T2260）编写。7 ~ 12 位表示规划年限，其中前 4 位规划开始年限，后 2 位规划月份。扩展后缀体现具体"物"的型号，名称为数字，对于少于 4 位的，最后位以 0 来补足，多于 4 位的则文件扩展名为 9999。如果有详细的需要还可以在传统前缀的后半部分添加应用层级码（数字）、分析数据时间（数据）、代码（数字）等相关信息编码。

4.2.3　街道 "物" 的编码表

关于街道"物"的编码工作，是一项长期而艰巨的任务。由于街道中的视觉物件过于繁多，因此在所有的调研与分类研究中，我们集中力量选取了对街道面貌影响较大的城市家具作为主要梳理与编码归类的目标。该项分类编码工程基本已涵盖了目前主要出现在街道上的城市家具（见本书附录）。

---

① 沿用《中华人民共和国行政区划代码》（GB/T2260）。

4.3　"物" 的整合理念

4.3.1　"物" 的制造者整合

街道中进行的传统物质规划有许多影响因素制约着最终的街道美学整体营造的成效。从街道规划、设计、施工、实际使用，到再调整设计、再实施，其中可能经过了漫长的时间、多批的设计与规划，以及各种相关部门的多头实施执行。这一过程就如旧时街道电线杆上的各式广告海报，一张附一张，一张一种表现，各自在空间中"表述"自己的存在与内容。

以城市家具为例，公交车站、电话亭、公共自行车亭、交通信号控制箱、垃圾桶、路灯杆等，这里简单列举的六件城市家具就已经牵涉了至少九家城市管理部门或相关公司，如公共交通管理部门、城市公共汽车公司、城市公共自行车运营公司、交警部门、环境卫生部门、电力公司、电信管理部门等，虽然整体上都是由政府总体管理下各个不同部门以及与之有关的下属公司负责，在对待个体城市家具的操作时权责明确、统分结合，但现实的情况是，作为城市的管理主体——政府，虽然在名义上管理街道面貌，在决策上规划了街道营造的方向，但具体操作中多头共管或各自负责，不同部门的交叉空间与部门专业隔阂都促成了城市家具建设的品质不一，助推了街道风貌乱象丛生。

表面上看层次清晰权责明确的街道物质规划活动，在统一管理下开展实施，最终却破坏了街道的整体美感。分析这一局面的出现还是要回到设计方法自身的问题上。作为艺术设计，主要以满足现实的艺术性与功能性两大因素的协调表现为目标。城市家具的设计与配置，最终是为了满足街道空间中人的审美需求与空间功能需求。因此从这个角度分析，各个部门共管可以独立满足每一件单体城市家具"作品"的艺术性与功能性。但现实情况是，很多部门只能设计出有功能性的物体放置在街道的各个角落，这些孤立的上百件上千件城市家具并不能很好地提升整个街道审美因素。从艺术设计的角度分析，要达到街道的整体视觉效果必须符合整体上的美学规律。在真正的执行过程中，这一根本规律从头至尾都没有被很好地把控。而是在分工执行的设计任务中被逐渐割裂、淡化，甚至摒弃，每一个负责部门掌握的美学尺度参差不齐，每一件城市家具能够在视觉呈现上的美学塑造潜力也很不相同。真正的责任主体——城市管理者在其中指导实践的能效完全没有体现出来。这些因素的共同作用造成了今天城市街道的视觉营造乱象丛生。

从上面的街道造"物"相关方错综复杂的关系与具体问题表现可以看出，

处理好街道物质规划设计整条关系链已经关系到街道整体形象塑造成败的境地。正如吴良镛院士所担心的，设计专业的咨询与执行者距离城市项目的中心决策层过于遥远，并且一直处在弱势位置，无法发挥它真正的作用。如果在所有的实际操作开始前，首先能理顺街道美学营造的合理科学的工程组织架构关系（见图 4.2），整合每一个工程相关方的优势，集中合力开展工作，那么至少在工程还未看到最终空间效果时，我们已经可以期待它的整体空间美感与街道应有的形象已经得到一半的保证。

4.3.2 "物"的创建整合原理

任何一个街道的细节都会影响该街道的美学营造的全局。具体地说，街道中的细节从沿街的人工构筑物、街道系统、城市地貌，以至于街上的每一个连续的细节都构成了对整体的影响。从这个意思上看，任何一个街道的细节都会影响整体的街道美学营造全局，关于"物"的整合思考正是在这种系统观的指导下展开的。

"物"与"物"的整合实质是"事"与"物"的融合。"事"与"物"是街道空间中显性与隐性，互为存在的一对关系。它们既有对应的特性，也有融合的特性。

（1）"事"与"物"的综合对应

"事"与"物"最基本的关系就是"事"与"物"的对应。以城市家具为例，电话亭对应的"事"就是人们信息沟通；街道的安全护栏对应的"事"为人的行为安全；垃圾桶对应的"事"是人的健康与对街道环境心情的愉悦等。可以说每一件街道城市家具都对应着至少一项或两项以上人的需求，街道上的这些"物"也以其特有的形式与设计目的被安置在了特定空间位置之上。至此，"物"被安排在特定的街道空间位置中，随时为人产生的"事"进行响应与服务。

（2）"事"与"物"的有机融合

"事"与"物"的另一种特性就是，除了一一对应关系，也存在一件"物"对应多件"事"的情况。即当一件"物"对应了多件"事"，以城市家具为例，一件满足多种功能的城市家具就诞生了。这样的创造活动存在两种可能性，一种是现有产品的简单组合，另一种是完全的新产品。从有机融合的角度看，前者是初级的"事"与"物"的融合，后者是较为高级的融合。

掌握"对应"与"融合"的原理是街道物质规划中艺术设计造型工程的一种创新尝试。它的创作过程，首要的步骤是全盘地分析现有"物"的种类与相关特点，分析所有街道中人的行为与内在需求，将"事"与"物"两个大的子集一起纳入一个体系中进行分析与组配。在"事"这个集合中，互补或者不冲突的"事"

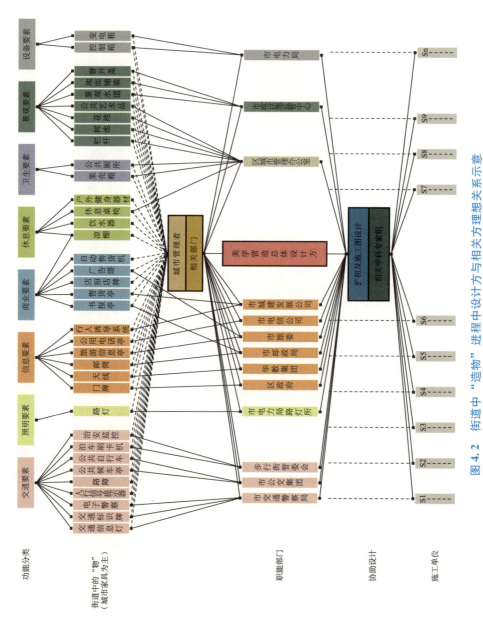

图 4.2 街道中"造物"进程中设计方与相关方理想关系示意

资料来源：摘引自王昀. 城市公共设施系统设计实践与研究 [D]. 杭州：中国美术学院，2014。

可能通过这种重新的组配，在 "物" 这个集合中找到了合适的几个载体，再通过具体的形态设计，得出一种经过整合创新设计的 "物"。然而，将这两大子集进行梳理并不是一件容易的事情，在下一节的整合方法解析中会详细深入介绍。

4.4　"物" 的整合方法

4.4.1　"物" 的加减法

秩序是街道美学营造最根本的视觉要求，而视觉秩序的达成，很大程度上需要有节奏有韵律的形态、色彩等视觉设计要素的有机结合。要达到这些视觉要素的有机结合，一方面要通过单体元素造型的相似性整合做加法；另一方面可以通过减少突兀性的形体出现在街道空间中做减法。

空间设计中的加法与减法，在街道营造中的使用都有一定的局限性，因为加与减本身就是一对矛盾体。例如一条小街改成了机动车单向通行，需要在街口的各处端口设立相应的单向通行与一端禁止通行的一系列标识牌，而过了一段时间，该街区出现了地铁，又要在这条街道的重要节点为步行人群设立附近地铁站入口位置的一系列告知牌，每一次当空间中需要告知相关人一种新的信息，就需要用加法的方式做成标志牌，出现在街上，而每一次加法出现的图形标识都会被周边的其他图形标识视觉抵消，因此加法做得越多，综合效果可能就是一种 "减法"，而表面上则呈现出越来越多的城市家具单体。在这个例子中每一次信息的提示背后都派生出一系列城市家具——标志牌杆件，扎眼地林立在街道之中。

而换一个方向努力做减法。如果为了街道的美观不断减少必要的城市家具配置，显然也是枉顾了街道中人的行为需求，并且这些客观的需求在不断的发展中也倒逼着街道不断走向元素的加法。2014 年，法国东南部城市格勒诺布尔（Grenoble）的政府开始尝试禁止街道上的商业广告，政府计划用树木和社区的布告板来取代原有街面上树立的广告牌。该市市长埃里克·皮尔勒（Eric Piolle）认为，这是把公共场所从商业广告中解放出来，为更多的公益和街道上的行人、公众服务。事实上这样的减法，完全背离的街道中人的正常信息需求，所以很大程度上不可能在更广泛的街区得到推广实行。

因此除了加法与减法，我们需要更好地思考如何创造适合城市街道空间营造的城市家具的总体设计方法，以达到街道 "物" 的创建与街道环境的美学平衡。

4.4.2 "物"的融合创新

根据上一节的分析，"物"的创新是一种突破性的研究成果，它的诞生是在简单的功能组合上的升级而成的高级形式的整合。以城市家具为例，如果诞生全新的城市家具，那么在"物"的属性上，它已经不太能看出"物"与"物"的简单组合，而是在"物""物"组合背后，给我们展示出其背后投射的若干件"事"。而且当我们越是对背后的"事"做深入分析，尤其是从街道中人的各种行为所展示出的新"事"进行分析归纳，就越可能催生出全新的城市家具。

这里列举一个关于步行道的"物"的创新案例。在 2014 年 7 月，一条手机使用者专用步行道出现在美国华盛顿街头，它用一条白线将整条街道的人行道划分为两个区域，一个区域写着请勿使用手机的警示，另一个区域则标注了"使用手机请走这边并自担风险"（walking in this line at your own risk）的地面告示。它的设计者是《国家地理》节目"群体思考"（Mind over Masses）的幕后工作人员，他们称之为有关人行为习惯的实验，为"低头族（phubbing①）"设计一条专用步行区。同时，仅隔了两个月，敏锐的城市开发者在中国重庆洋人街也创立了"中国第一条手机步行道"。虽然事后证明这些个案的推行并不是很成功，但是从"物"的整合设计方法上分析，在"事"的子集中选取了两种针对不同人群行为的"事"两两组合，同时在"物"的子集中选取了地面标识线的图案，两件"事"被一件"物"承载，这种组合的可能性在案例里被合理地释放出来，在实践中以人的行为检验了两种功能兼容发挥功效的程度，这可以对更完美的街道"物"的出现间接提供实验上的借鉴，减少它的最终机会成本。

另一个创新城市家具案例分析表现得更加贴切。针对这一人体工程学上的实验信息，我国台湾的街道上利用这仅有的 14%——人体听觉感知街道信息接收比例，开发使用了新听觉行人过街信号灯的音频指示信息——盲人音响号志（见图 4.3）。音频指示信息一般被用作提醒行人何时开始过街及即将结束通行的绿灯，尤其是即将结束时的"嘀！嘀！嘀！嘀！"的急促报警声，具有十分警示听觉信息。而我国台湾高雄首用的这一系统用了几种不同的鸟叫声，不同的方向配合不同的鸟叫，比如南北向——布谷鸟叫等，使路人产生良好的体验感，尤其对于残障人士的行路保障；同时考虑夜间扰民的问题，晚间令其静音。这一案例体现的就是全新事物的诞生，可以源自对人之户外行为的深度挖掘，类似上文提到的人在街道行为中的特征——14% 的听觉感知之"事"，其实在大量的街道"造物"

---

① 词汇来源：phubbing = phone（手机）+ snubbing（snub 冷落的进行时态），它是新兴的网络合成词汇。

设计活动中一直不被重视。城市家具新事物的创作是基于对"事"与"物"两个街道空间中大子集的现有内容与发展内容的充分了解，在这一理念指导下的街道美学营造还有许多的研究前景。

图 4. 3　我国台湾高雄市步行辅助信号装置

4. 4. 3　"物"的重新组合

根据上一节叙述的"物"的整合原理，"物"与"物"通过其背后"事"的对应关系分析，可以形成简单的重新组合。同时使"物"与"物"产生良好的化学反应，得到全新的构成或关系。例如原来公共汽车站台旁分散安装了许多其他的城市家具，而按照"物"重新组合的思想，分析所有这些"物"背后的"事"，通过"事"与"事"之间的联系，梳理出"事"的主次关系、"事"发生的前后关系等，将原来的"物"在街道空间中重新组合（见图 4.4），创造出它们在空间中不一样的组合方式或构成关系，新的组合在美观与高效使用上都得到了新生。

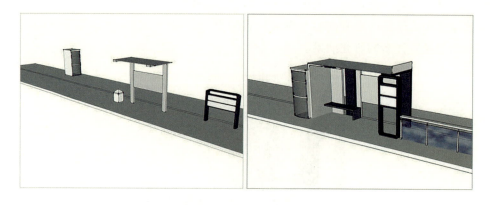

图 4.4　经过初步整合的一处城市家具组合

资料来源: 陈健（2012）。

　　在物与物的简单整合实践问题上，我们还可以列举城市家具中的一片窨井盖。它的功能是平整道路、保持路面安全、一定的排水功效及用于检修预留操作管道的入口。对它的建设安装负责的组织单位可能有污水处理部门、雨水处理部门、通信部门、电力部门、管道煤气部门、军事部门等；在具体的形态上窨井盖以方、圆两种为主，大小尺寸随着管道口径的要求有若干种规格，材质上主要以铁质与高强度工程塑料为主、少数还有铜质等，通常情况下它的颜色以材质本色为主，如生铁色、灰绿色。我们继续用刚刚分析"物"背后"事"的方法，梳理"事"的子集中除了排水、平整道路还有什么其他"事"适合附加在窨井盖这个"物"之上。通过筛选也许信息、城市形象信息、商业信息等这些"事"可以与之前窨井盖基本的"事"兼容，所以在这一思考的推动下，也许在窨井盖上放置一些广告信息或者与城市形象有关的故事浮雕、艺术文字等可以很好地增加"物"的特性，形成附加有雕刻信息的窨井盖。如果继续深入分析，再将雕刻的"物"的形态与窨井盖原有的方圆形态结合，还可分析变化出雕刻中阴刻、阳刻的形态等。学者们不断地在"事"与"物"的两个大子集中寻找能够匹配的因素进行组合。

4.5　本章小结

　　本书关于街道中的"物"的分析，以"物"的构成分类作为一个研究突破口，强调视觉艺术的学科特征。本章主要以城市家具作为"物"的研究内容，对城市家具进行了原有功能划分的方式上的革新，以形态的特点划分种类，为系统地梳理街道艺术设计元素做充分的前期分析。

　　设计方法的建构中关于"物"的论述，集中了"物"的梳理与归纳，以及街道空间的解析，从"物"到"物"所处的环境系统地进行进阶式分析。在思路上首先强调的是宏观的街道现状呈现到抽象的事理分析，注重表象与内因的结合。其次，微观调研中力求全面，全面地了解街道空间中的相关视觉要素，尤其是城市家具的数量、特点、构成等都形成了比较完备的研究数据库。这一章节的研究，结合第 2 章对人的行为——街道之"事"的研究，构成了街道美学的"事"与"物"重要的两元，有助于下一阶段系统性规划的全面展开。

　　同时本章还对深入分析中涉及的多学科理论进行了叙述，它们是公交都市理论、邻里关系理论、空间句法理论以及系统理论。其中公交都市理论、邻里关系理论是研究的前提框架，而空间句法理论与系统理论主要是研究借鉴的方法。

　　这一章节的论述主要体现了对街道空间中"物"的梳理与再认识，结合之前对街道空间以及"事"（人的户外行为）的论述，人—空间—物的三元研究坐标系已经确立。

第5章 街道美学营造系统规划的方法

城市街道的美学营造系统规划方法分为规划方法与设计建构方法两大部分。从研究的序列来分，可以分为宏观、中观、微观三个阶段。在宏观阶段主要处理对象街道与城市的关系，中观阶段着重处理街道空间与街道中"物"的关系，而在微观阶段是创建街道中"物"与"物"的关系。

5.1 宏观定位阶段：面状路网与城市空间的关系

从宏观角度分析，街道在城市的网状分布中构建出四通八达的路网系统，附着在其上的城市家具子系统天然地继承了每一段网络区块的空间属性。在宏观定位的层面主要完成街道显性的路网空间结构分析，以及隐性的路网空间在城市大背景下的城市定位。

5.1.1 显性的路网空间系统句法

5.1.1.1 路网的句法

路网本身就是对显性城市空间中纵横交错的道路形态的形象描述，在这一描述下，街道群以其特有的"行文句法"呈现规律性的内容，例如街道交叉必形成路口（crossing）、街道线性交叉围合成不同的街区（block），街道与街道之间又表现出不同的层级（通常有宽窄、特色等显著区别）等（见图5.1）。

在相关研究中借助这些特殊句法来研究城市空间中的建筑与空间组构问题，最有代表性的理论就是"空间句法理论"。该理论是由比利·希利尔（Bill Hillier）领导的巴利特建筑师团体在20世纪80年代初创立的城市空间设计的新方法。它的基本想法是：空间不只是人的活动背景，而是人类做任何事情的内在属性；其次，人在穿过一个又一个空间时，展现出了一种内在的空间布局关系。与单体的空间研究不同，它更擅长做的是研究整体性的空间元素之间的关系。它源自建筑师所做的工作，不断将空间分割并在其中放置物体。因此，该理论方法特别适合运用在与空间设计有关的前期辅助设计之中，许多的空间句法研究方式也可以通过计算机完成。

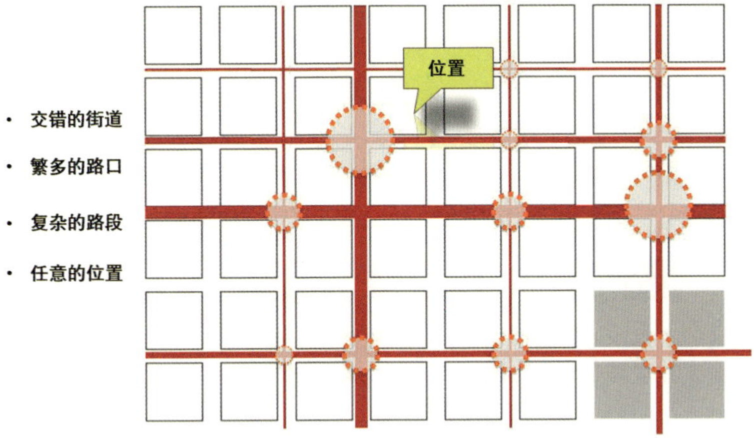

图 5.1 街道特有的"空间句法"

资料来源：梁勇（2014）。

空间句法，不仅仅是一种方法，更是一种关于城市空间的建筑性理论。丰富了本研究街道空间结构与城市家具配置的研究手段与设计语言表达方式。尤其对街道空间联系性表现复杂的图谱设计提供了主要的支撑。通过图示（graph）的帮助，不但在常规运用中表示街道空间的联系，还可以运用此方法寻找街道中城市家具的内在联系与组合结构。

此种方法的引入，可以充分利用街道的轴线和它们连接形成的路网来研究空间整合度，以完成关于空间组合的合理程度的研究。首先，路网是空间句法理论中研究城市各个空间连接关系的基础。通过计算每一条道路与相邻道路间距的拓扑步距（depth）之和并且通过拓扑图的呈现，可以展现各条道路的空间连接程度。其次，以道路为主体的空间建构，也是把道路的纵横交错梳理通过编码网格等拓扑结构汇总成路网图谱，并且使重要的城市街道节点可以在数据化的图谱上实现速查。本课题研究的街道美学营造中关于城市家具系统的内容，利用空间句法从具象转向抽象的空间分析描述形式，以交错的线性网格来表示街道路网，可以更容易地进行区位关系分析，并且这一路网系统的建构对之后城市家具系统的空间布局方法有重要的基础作用。

5.1.1.2 路网的系统图谱

抽象的路网句法将现实的路网系统通过专门的坐标系进行路网空间的再现，这里的每一处纵横的轴线都代表路网中一条现实的街道，从这里可以看出，该路网描述方法是从宏观视角反映街道与街道的关系。街道通过中轴线进行表示，街道与街道之间的长度也用相对的比例进行抽象绘制，剔除多余的细节。路网图谱的坐标轴同时参考了建筑学中轴网标注法，横轴用数字标注，纵轴用字母，而轴线的纵横交叉点即为街道的交会点。在横向走向的道路方面均采用英文数字，从下往上依次编号命名（见图5.2），例如横轴 a 代表龙城大道，横轴 b 代表太湖路。而纵向走向的街道则采用数字的编号从左往右依次对应，例如 1 代表整条玉龙路，3 代表整条长江路。

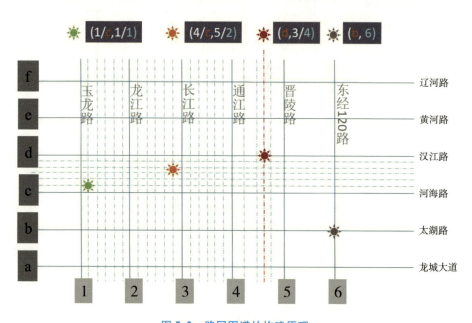

图5.2　路网图谱的构建原理

资料来源：梁勇（2012）。

　　所有路口的位置在这一图谱中得以清晰的标识，横向轴线与纵向轴线可以形成一组字母与数字组合的编码（见图5.2）。如 a1 代表的就是龙城大道玉龙路口，c3 代表河海路长江路口。路口的现实形态则以平面与立面（环形拍摄拼接）的方式对应这样的编码一起呈现，这个方法的运用可以在本书 7.3.1 节中找到（见图7.6）。

　　除了路网整体结构、所有路口，在这个图谱的结构中可以进一步通过轴网细化描绘任意街道"物"的相对位置。它的作用可以延续到现状图谱化描述（现状图谱）、规划性布置（规划图谱），甚至可以描述每条街道中的任何节点上"物"的相对位置，例如图5.2中的四个物体相对位置，（1/c, 1/1）代表的就是在 c 海河路与 d 汉江路之间的一条轴线与玉龙路交叉的一个具体位置，它可能就代表一个具体的城市家具在路网空间的相对位置。

5.1.2　隐性的路网属性分析法

城市公共空间有许多的类型（见表 5.1），最基本的空间类型有公园、广场、市场、街道、社区公共场所、邻里空间、水岸空间等。每一个类型都有一些特殊的城市功能场所定位。街道作为城市的血脉，交通是其主要的角色，但是街道同时还牵涉街道周边的社区、建筑群体等城市人除交通行为以外的许多社会性需求。因此它的属性特征会带有当地空间明显的社会特征。

表 5.1　　　　　　　　　　　　　　城市公共空间分类

类型	特征
公园	
中心公园	公共开发和管理的公共空间，作为城市公共空间系统的一部分，其有城市广度的重要性，通常比邻里公园面积大
市区公园	拥有草地和树木的绿化公园，可以是传统和历史公园，或者是新建的开放空间
邻里公园	住宅区之间的公园，作为城市公共空间系统的一部分，由政府开发和管理，或者作为私人住宅开放，通常包括游戏场地、体育设施等
小型/微型公园	由建筑物围合成的小型公园，可以有喷泉或水池
广场	
中心广场	位于城市中心，通常是城市历史中经过正式的规划而形成的，作为公共聚会场所，由政府开发和管理
纪念场所	用于纪念当地或国家重要任务或重要事件的公共场所
市场	
农贸市场	公共空间或街道，用于农贸市场或旧货市场，通常是临时性或在某个时间段存在于现有的公园、市区街道或停车场
街道	
人行道	城市中联系各个街区的道路两旁的人行道
步行区	禁止机动车通行，通过设置座椅和种植绿化提供惬意的步行环境，通常沿城市主要道路设置
限制机动车的街道	作为城市公共空间的街道，通过宽阔道路的人行道和种植行道树限制机动车通行
区域道路	完整的区域道路可以连接城市的各个部分
游戏场	
游戏场	邻里间的游戏场所，通常包括传统的游戏设施，比如滑梯、秋千等，有时也包括为成人设置的座椅等
学校场地	学校用于游戏的场所

续表

类型	特征
社区公共空间	
社区公园/绿地	由当地居民建设、管理的邻里空间，包括景观花园、活动场地、社区花园
绿化带和线性的公园路	通过步行道和自行车道相互联系在一起的重建或自然的区域
城市野生绿地	在城市中或附近尚未开发的自然区域，通常成为野营、休闲的场所，但存在使用者和环境保护机构之间的冲突
中庭/室内商场	
中庭	室内的，可以关闭的广场或步行街道，通常作为城市公共空间系统的一部分，或者由私人开发的用作办公或商业空间的一部分
市场/市区购物中心	室内的购物空间，独立存在或旧建筑再利用
邻里空间	
日常空间	公众可到达的开放空间，比如街角空间、建筑前的台阶等
邻里空间	公众可到达的开放空间，比如住处附近的街角、停车场，也可以是尚未开发的空地，通常的使用者是儿童、青少年和当地住户
水岸空间	
临水、水库、海滩、河岸、湖岸等	沿城市水系开放的公共空间

资料来源：蒋燕燕（2006）。

从行政分类角度，街道通常会被简单分为三个类型：生活性街道、通过性街道以及商业街道。事实情况是街道的空间属性有许多变化，例如商业与生活结合的属性、行政与商业结合的属性、商业与通过性结合的属性等。积极调查街道内各种细分化的街道空间类型（或属性），有助于更好地开展城市街道的空间规划下一阶段工作，尤其是对中观与微观的街道空间营造与城市家具配置设计有着重要意义。

5.1.3　面状路网的区域定位

定位是设计中明确设计对象属性与设计方向与目标的重要途径。在宏观层面，反复提及定位有助于更好地把握好实施过程最终接近目标。定位主要包括地理方位的定位和现实功能的定位，在设计实践中也可以理解为现状定位与理想定位。

（1）现状定位

宏观规划阶段的现状定位，主要是完成对相关路网在整个城市空间结构中的物理特性分析,为进一步梳理每一条街道在城市功能中所处的功能层级关系做准备。同时对于路网中每一条街道,这一阶段的工作主要是明确更多的现状定位信息,包括方位、面积、居住人数、交通状况、商业业态、行政区划等基本空间信息。因此,客观地采用更多的空间测量数据和空间句法结构关系来科学论证现状定位的判断,是这一阶段的主要设计方法。

(2)理想定位

不同的人群对于街道的空间属性也有自己不同的定位。对附近的居民来说,街道可能是日常生活接触最多的城市空间;对于城市其他区域的居民来说,它可能是许多印象中的城市街道里的一条;对于外地游客来说,它可能是一条普通或者有意思的购物街或特色街区。这其中以周边居民的定位更为细微但有局限性,而外地游客的感受更为粗略但宏观。

作为对城市街道营造的管理者与设计者,在着手对一条街道开始全新设计或改善美学提升设计时,也有一个总体的规划营造定位。这一定位的形成离不开对街道空间的地理位置、周边环境、周边社会、人群感受进行初步的了解,最终多方的理想定位在城市管理部门的手中升级为路网所处地区的发展规划纲要。正是由于这一特殊权利,城市的管理者最易犯的错误是机械套用城市规划式的设计定位方式,用数据、用现有经验去按部就班地完成宏观上的思考,忽略对不同人群的社会需求,从客观调查中获取更多真实人群空间意向的一手资料。因此宏观定位阶段绝不是在会议室由若干人士短时间内拍板决定,而是应该有更为慎重的调查过程。

5.2 中观规划阶段:线性街道与城市家具的组构

5.2.1 规划基本原则

中观规划是由美学思想主导,最大限度地贴近人户外行为进行的线性街道空间与城市家具配置关系的规划方式。此阶段的规划继承了宏观阶段对于街道路网的整体分析的认识,在宏观规划形成的图谱上需要实质性地"配置"城市家具系统,充分表达既定街道空间与城市家具系统之间的相对布局关系。这一阶段的规划方法所遵循的基本原则可以从整体视觉、空间处理、城市家具配置、实施的时效等几个主要方面来分析。

5.2.1.1 整体视觉：美学原则

"城市中一切看到的东西，都是要素"①，构成街道空间的各种要素都是有具体形态的，城市的形态问题是城市设计所要解决的问题之一。城市的形态相关问题对于艺术设计专业来说，最专业的回应主要就是在美的原则下完成形态的提升。

古罗马奴隶出生的建筑师维特鲁威认为，在建筑的形态中必须符合三个原则——美观、坚固和适用原则。"美"自古就被认为是造型艺术中重要的一极，同时它也是视觉艺术学科遭遇问题时一个重要的行事准则。康德曾经说，美是不凭概念而被认作必然产生愉快的对象。这也就是说，审美或审美趣味是一种完全无功利的愉快对象，是没有任何目的的形式感知；审美判断是一种纯粹的趣味判断，是一种抽象的审美愉快②。哈帕德（Hery Vincent Hubbard）曾给"美"下了这样一个定义："美是对于组成物体的各个要素之间和谐关系的体现"③。他认为，要处理城市设计中美学问题，美应当应用于城市各个部分；在对待每一处细微局部的设计时，也应该考虑以城市生活品质的塑造和美学形式相结合为原则，同时也反映出创造这些和谐关系离不开从各城市物体的形式细节与城市整体面貌之间建立更多更小的和谐关系。

5.2.1.2 空间处理：宜人原则

空间的处理更多的是通过人的尺度、行为与城市家具布置的贴合，引导空间场景产生合理的呈现。人是城市空间成功与否的核心，人的尺度是城市空间建造中的重要原则。而人的构成中，市民又是与所在城市、街道互动最为密切的群体。因此对于人的尺度，在这里更应该提到的是市民尺度。丹麦城市设计专家扬·盖尔（Jan Gehl）曾经指出：在现在的四种城市类型中，传统城市与复兴的城市，这两类城市的尺度便是市民的尺度④。城市中的各种空间、交通、交往、聚会等场所都是以此尺度来建造的。这一原则目标成功的标准即是人在街道空间中的具体感受。如果说在一个城市中，宜居是作为市民的根本需求，那么宜人也是城市游客等群体最基本的要求。宜人原则是衡量一个街道建造的策略，从不同人的感觉和经验尺度来审视每一个设计步骤十分关键。正因如此，街道营造中观规划的施展效果需要不断通过城市不同群体的评价反馈同时进行。

---

① 范文莉. 以城市设计为视角的当代城市要素有机结合研究 [D]. 上海：同济大学建筑与城市规划学院，2008：9.

② 曹巧兰. 城市审美形象研究 [D]. 南京：南京师范大学，2006：17.

③ 邵毅明，王健，杨志刚，等. 汽车美学初探 [J]. 重庆交通学院学报，1986（4）：92−100.

④ [丹麦] 扬·盖尔. 交往与空间 [M]. 何人可，译. 北京：中国建筑工业出版社，2002：37.

5.2.1.3 "物"的配置：高效原则

关于街道中"物"的配置规划原则，能够高效地满足空间中人的各种需求是配置的主要目的。F. 吉伯德（F. Gibberd）认为，"城市由街道、交通和公共工程等设施以及劳动、居住、游憩和集会等使用活动系统组成。把这些内容按照功能和美学原则组织在一起，就是城市设计的本质"[1]。

尽管是公共领域应有的——也是最必要的，许多城市家具都是在各个部门的独立督造下摆布于街道之中，没有一个统一的组织或管理机构来具体调配与整合这些行为和现象，结果形成了今天街道的乱象。吉莱斯皮（Gillespies）在《格拉斯哥市中心的公共领域：策略和指引》（*Glasgow City Centre Public Realm：Strategy and Guidelines*）一书中，提供了一组共六项的一般性配置原则[2]：

- 通过设计组织最少的街道家具。
- 只要有可能，将元素合并为一个整体。
- 移除所有过剩的街道家具。
- 把街道家具视为环境的一部分，使其与环境质量相配，有助于给予环境一致的特性。
- 街道家具的放置有助于描述空间。
- 街道家具的放置不能妨碍行人、交通和交通线。

最基本而高效的城市家具配置办法是在制造商产品目录中选择"现成品"。而配置略有地方特点的标准产品可以根据需要修改，同时添加家族形态基因，这些特点可以随着一些地方性题材的设计得到进一步发展。在那些需要强烈设计特色的地方，也许会邀请艺术家来设计一系列的街道家具（Gillespies，1995）。

5.2.1.4 营造时效：可持续原则

历史上有许多没有经过设计（non-design）的街道空间却比现今许多经过设计的地区要好得多，更有人性和情趣，这一事实使人质疑街道的营造是理性规划方式还是感性、自发形成更适合。城市形成的过程本身就充满复杂的变数与矛盾，即使是在自发形成的城市空间之中，它的局部区域也会随着当地人的意识观念而改变。同时，街道空间现今的城市发展规模是过去自然形成的城市所不可比拟的。这样的现实与复杂起因决定了，街道自身除了在系统的框架下完成各种强制执行的开发建设，同样需要保留多样性设计创造概率与不断更新设计改良的兼容性。

---

① ［英］F·吉伯德. 市镇设计［M］. 程里尧，译. 北京：中国建筑工业出版社，1983：22.

② 安大地. 城市街具设计研究——基于上海市和欧洲城市街具设计的比较［D］. 上海：同济大学，2009：90.

可持续性也是街道空间营造的价值取向的内部博弈需要。表面上看，设计师在协调各方面设计需求开发物质空间，改善空间环境，事实上这一过程即是在权衡与分配最终街道空间方案的价值归属问题。纽约市总城市规划师乔纳森·巴耐特认为"城市设计由城市建设中一系列日常决策过程所组成"，"而不仅仅是设计图纸本身，城市设计在价值天平的不断平衡中，充满了妥协、协调和权利争夺的过程"[①]。在相关街道设计活动的价值取向问题上，设计活动是更应该体现政府和开发商的取向，还是设计师个人的价值，或者是该区域居住者、体验者的权益要求？在这一问题上也要遵循权益分配公平、可持续的原则，才能使街道外在环境的平衡长久存在。

5.2.2　街道空间中观图谱构建法

5.2.2.1　中观图谱图标符号的创建

城市空间形象的营造需要有一套全局性的系统方法，兼顾城市管理职能部门及城市自身需要的各种要求，分情况、分区域、分步骤地实施。因此关于城市街道空间的规划就要从调研分析开始，为之后的规划及具体设计工作做好铺垫。街道空间的中观图谱这一构建方法，是城市家具系统设计方法中重要的环节。图谱是从城市的总体实际空间出发，挖掘这些"物"在空间中存在的原因及相互联系，这里简称城市空间中的"事"与"物"。我们用编码、表格、图谱等方式将这些内容重新组合起来，形成系统。这种系统的建构表述方法可以使我们在街道中观视域中充分反映任意节点、任意分支系统的点位信息。

图谱中除了延续线性街道的空间描述，最为重要的一个环节是根据"物"的全面梳理，使各种不同的"物"在图谱中有相应的标示。这种标示就涉及图标的设计。尤其是本书论述的重点——城市家具系统，在这个图标系统中，我们可以方便地了解每一元素所处的空间、作用及与其他元素的关联性（见图5.3）。在未来的规划调整环节，我们同样离不开这一分析方法建构出来的系统。

关于城市街道"物"的图标创作，我们充分考虑了之前关于"物"的分类研究中以视觉关注度最高的"形态"作为分类的主要标准，同时参照了"物"的功能，尤其是城市家具传统的功能划分标准。随着各种研究的不断深入以及社会需求变化在街道空间的显现，我们发现这种图标的创作是一种不断更新和递进的过程。例如，2015年美国的电动汽车生产巨头特斯拉汽车公司宣布，在中国实行免费安装预勘测服务，在它灵敏的商业嗅觉背后，我们可以预见未来的街道中观图谱体系中就会出现一枚新的图标——充电桩装置或停车站台。

① 庄宇. 城市设计的运作［M］. 上海：同济大学出版社，2004：7.

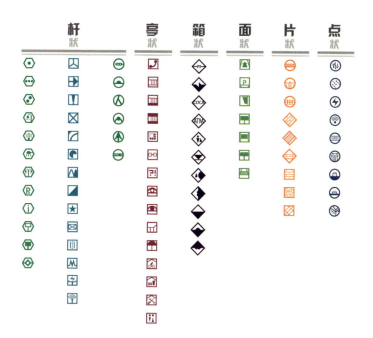

图 5.3　中观图谱中各种城市家具的图例创作示意（以形态归纳种类）

资料来源：梁勇（2012）。

5.2.2.2　关于街道空间中观图谱的形成

中观图谱的建构充分考虑了这一阶段对线性街道和点状街道路口的城市家具系统的描述特征需求，通过对两者的描述，形成更为系统的城市家具与空间结合的内容表述，达到空间与多项城市家具在特定空间中的配置的现状查询、配置方案再设计及城市家具组群的内容分析的研究目的与要求（见图 5.4）。

ⓘ 人行信息柱　　◢ 指路标志　　Ⓐ 人行道信号灯　　★ 行政事业单位标志

🚲 公共自行车亭　　◣ 旅游标志　　▣ 报刊亭　　▥ 公交亭

图 5.4　某街区关于线性街道城市家具中观图谱

中观图谱的设计方法可以在规划调研阶段和规划设计阶段两次使用。在规划调研阶段，它可以清晰地反映出每一个线性街道标准路段及街道路口的城市家具分布情况、城市家具群组配置；在规划设计阶段使用时，可以根据规划调研时创立的街道图谱进行对照规划设计，直接更改设计方案。同时该图谱建构方法的两次使用，还可以使接下去实施城市家具具体生产、安装的相关部门或公司更好地理解规划实施与现状的区别，更为高效地根据直观的图示，完成统一的生产与安装施工。可以说中观图谱是城市家具系统设计方法中，使用最为频繁、涉及部门最多的专项设计方法。

城市空间是一个复杂的系统，城市的各种家具、设施、公共艺术品，看似零星地散布于各个角落，但在每个城市中它们又无形中成为城市形象的主要载体。在研究城市空间中各种要素时，既要考虑它在形态上的多样性，也要注意到城市家具分属于不同管理部门的特点。不同的管理带来了各不相同的城市家具，零星地散布在街道之中。而通过中观图谱设计法可以为原来零星散布的城市家具单体布局配置创新地做出设计方法上的转变，抹去城市家具设计生产不同责任归属的劣势，从城市家具的视觉特征与人在特定街道区域的行为方式两个基本点进行配置，引导原先简单布点的城市家具系列变得更为全局化和整体化。

5.2.3 街道的区域特色营造

维护区域的特殊性、空间个性是保护一个地区文化的需要，认同区域文化多样性是塑造区域个性的必要条件，最大限度地保证城市体验者在某一区域中特定的需求、行为方式、心理感受等的持续与稳定，同时也可以让街道空间的磁力"场"散发持续不断的吸引力。

20世纪70年代，瑞福将生理学结合心理学的"场所"引入了"环境"研究，这与勒温（1917）提出的心理"场"一起解释了人的活动与空间互动的特殊关系。1980年，舒尔茨（Norberg Schulz）又以存在哲学为基础重新阐述了"场所"的概念，认为场所是一个人存在的立足点（existential foothold），具有"定向"（orientation）和"认同"（identification）的功能（沃姆斯利等，1988）[①]。

场所为人提供了交往、聚集等行为的现实空间，人也会因为场所产生相应的情绪、情感上的影响。可以说人在场所之中的活动与影响是场所与人两者互为来源、交替互动的结果（见图5.5）。在街道中人会因为某些自身需要向城市家具寻求帮助与服务，而同时一些城市家具，比如公交车站、信息牌等，本身也会因为

---

① 李九全，王兴中. 中国内陆大城市场所的社会空间结构模式研究——以西安为例［J］. 人文地理，1997（3）：13-19.

人的聚集关注而吸引更多的个人，形成街道中大大小小的固定场，从另一种角度看人与环境可以构成一种各取所需的"交易系统"。

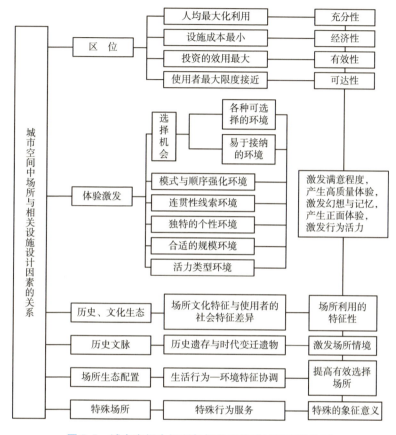

图 5.5　城市空间中场所与相关设施设计因素的关系

资料来源：陈刚，王洋. 基于"场所精神"谈城市本质的感知及其意义 [J]. 福建建设科技，2011 (1).

场所的这些个性特征的归纳与类型定义需要从人的精神文化与物质需求的分析中去逐渐提取，空间上归纳空间属性，物质上归纳元素。具体到城市家具的塑造上，就是寻找必要的区域元素或者称为家族基因，通过各方参与决策，选择运用在城市家具系列产品之上。同时，定期了解该街道区域空间行为的细微变化，调整城市家具的布局与配备也十分有必要。

5.3　微观设计阶段：点状场所与城市家具的设计

根据麦克·杜宾斯教授的研究成果，城市空间可以分为自然环境与建成环境

（built world），而后者又可以归纳为地块、街区、街道、建筑①等空间要素，这一归纳方式从平面到立面，从大到小，很清晰地将街道形成的空间环境做出了概括。当我们的规划视角聚焦到微观的城市家具单体与街道节点场景中的城市家具群体之时，系统规划的设计方法已经进入了具体的设计建构阶段。而根据我们的实践跟踪与理论研究，微观阶段的设计任务是处理街道节点"场"境下"物"的设计，尤其是街道节点"场"境中的城市家具单体与群体。

5.3.1　关于"物"的前期分析

人对周边环境的感知活动中85％是通过视觉来完成的。

在前面的章节中已经详细论述了关于"物"的编码方法，依照这一编码方法，结合城市家具的现状调查情况，就可以形成城市家具现状图谱。从"物"的编码上升为"物"的图谱（见图5.6），可以更为直观地为下一步城市家具的改造升级打下基础。

完成城市街道网络图谱的构建，就可以进一步描述空间中"物"的位置信息。当这种棋盘式的道路网构成了一个城市完整的街道系统，在这个棋盘中每一个落子都可以看成一件件城市家具。如同国际象棋中每一块棋盘都是城市的路网，其中每一个"棋子"的位置与周边棋子的相对位置，都可以通过数字字母组成的编码来确定。这样的定位方式将使研究街道整体现状问题与之后从局部逐步调整的方法都更为科学与高效。

本书在前面的章节中叙述了"事"与"物"在空间中的互相依存的设计关系，按照这两个方面进行细致系统的梳理，逐步形成两大子系统：一个城市空间中的"事"子系统，一个是"物"的子系统。

对以上两系统的归纳为下一步进行系统的规划设计奠定了基础，同时也为创造更适合该区域城市公共空间形象打好系统性建构的基础。分类编码的系统归纳方法可以使两者发挥更大的研究工具属性，而关于"事"的分类编码，在结构上与前者基本保持一致。同时梳理在街道空间所有可能发生的人的行为事件，需要对行为的属性和相互关系进行详尽且科学的归纳。

要对街道空间中的"物"有正确和更深层次的理解和梳理，势必要对以人为中心的空间中发生的或可能发生的事有较为深入的研究与再呈现。本书对现在空间中发生的事进行了较为细致的分析，并对其进行了编号和管理（见表5.2）。

---

①　［美］迈克尔·杜宾斯. 城市设计与人［M］. 奚雪松，黄仕伟，李海龙，译. 北京：电子工业出版社，2013：88.

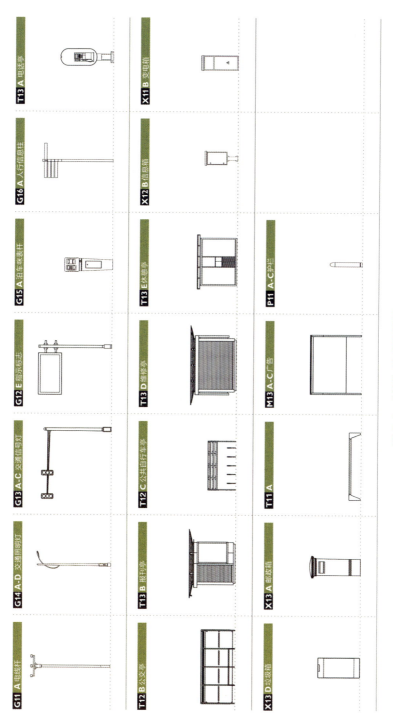

图 5.6　"物"的编码图谱

资料来源：梁勇（2013）。

表5.2　关于"事"的编码对照表（部分）

事种	类别	编号1	编号2	编号3	名称	备注	拟定编码及名称
通行	机动车行	FA	L1	A	机动车行		（FA11A）机动车行
通行	机动车行	FA	L1	B	大型机动车行	转弯半径10M以上	（FA11B）大型机动车行
通行	非机动车行	FA	L2	A	非机动车行	普通非机动车	（FA12A）非机动车行
通行	非机动车行	FA	L2	B	二轮电动车		（FA12B）二轮电动车
通行	非机动车行	FA	L2	C	三轮电动车型		（FA12C）三轮电动车型
通行	非机动车行	FA	L2	D	残障电动车型		（FA12D）残障电动车型
通行	人行	FA	L3	A	人行	综合表述：普通人	（FA13A）人行
通行	人行	FA	L3	B	残障人士行		（FA13B）残障人士行
停留	机动车亭	FS	L1	A	机动车亭		（FS11A）机动车亭
停留	机动车亭	FS	L1	B	大型机动车亭	转弯半径10m以上	（FS11B）大型机动车亭
停留	非机动车亭	FS	L2	A	非机动车亭	普通非机动车	（FS12A）非机动车行
停留	非机动车亭	FS	L2	B	二轮电动车		（FS12B）二轮电动车
停留	非机动车亭	FS	L2	C	三轮电动车型		（FS12C）三轮电动车型
停留	非机动车亭	FS	L2	D	残障电动车型		（FS12D）残障电动车型
信息	地点信息	FI	L1	A	地点信息		（FI11A）地点信息
信息	方位信息	FI	L2	A	方位信息		（FI28）方位信息
信息	地点属性信息	FI	L3	A	地点属性信息		（FI13A）地点属性信息
信息	专项信息	FI	L4	4	专项信息	综合表述	（FI14A）专项信息
信息	专项信息	FI	L4	B	交通信息		（FI14B）交通信息
信息	专项信息	FI	L4	C	地址信息		（FI14C）地址信息

资料来源：梁勇（2015）。

　　归纳梳理的基本方式是，不断用头脑风暴式的思考还原人的行为诉求，对城市空间中人的行为方式及功能需求进行归类，如人的"行"可以有快行、通行、慢行之分，在快行中有用机动车、非机动车之区分。我们就以 F（Function），"功能"一词的英文首字母进行类似之前对于城市中的物的编号。随着研究和实际的深化，它会被不断地完善。

　　当我们完成对"事""物"的编码，也就完成了系统建构的重要步骤，结合路网的坐标，所有空间中的事物都可以在这个网格中一一落位，以一种抽象而直观的方式，完成城市空间形象规划前的（现状）系统的图谱。

5.3.2　街道"物"的总谱建构法

　　街道中"物"的总谱是在对城市家具个体充分梳理以及路网总谱建立的基础上进行的现状或者规划布置的总图谱。对于这个图谱的创建，需要具备合适的模数、参照系以及基本的图形符号（用以在总谱中代表各种城市家具等视觉要素）。

5.3.2.1　总谱建构的基础要素

（1）尺度模数

　　尺度是研究城市空间的一种标准，很多学科都有自己的尺度标准。在街道空间的描述上，我们常常采用以毫米或米为单位的测量与绘制来完成对街道的空间长度、高度等体量的描述，这也是最终设计成形的必经步骤。除了测量，尺度还可以有其他的标准，这就是相对的标准——模数。模数这个词是建筑学的术语，来自拉丁文，在《全美百科全书》中译为一种小的尺度（a small measure），在东西方建筑史上都已形成比较成熟的模数应用。文艺复兴时期的工程师多用富于美感的抽象比例关系作为模数，例如古罗马将梁柱的底部直径或半径作为一个模数（见图 5.7），来推导其他部分的尺度形成了著名的古罗马柱式（ordo）。而更早期的古希腊时期，工程师更是以人体尺度作为模数，这样的模数一直影响到今天，例如"英尺"——"foot"即是英王御足（the imperial foot）的长度演变而来的模数。

　　在中国，模数是现代词，由英语"module"的音译形成的可能性较大。但是在中国古代工程建设记载中已经有类似词出现，诸如"步""筵""寻"等。作为设计方法明确记载下来的是北宋官方的建筑典籍《营造法式》——"材分制"，书中这样记载：

　　"凡构屋之制，皆以材为祖……各以其材之广，分为十五分，以十分为其厚。凡屋宇之高深，名物之长短，曲直举折之势，规矩绳墨之宜，皆以所用材之分以为制度焉。①"

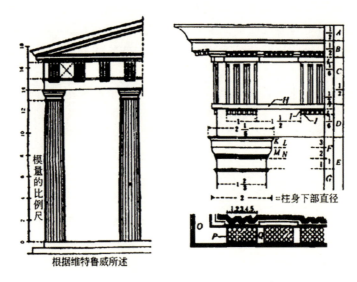

图 5.7　多立克柱式之模数与比例

资料来源：［古罗马］维特鲁威.建筑十书［M］.高履泰，译.北京：知识产权出版社，2001。

这里所指的"材"就是古代基本的度量模数。相比之下，西方中的模数目标为"美"，而《营造法式》中的模数目标为"用"②。另外，《营造法式》中的"材"也并不是固定的模数，它会根据建筑物的体量、等第、级差等细分成八个等级的"材"。例如殿阁类建筑能使用所有的模数"材"，厅堂只能用 3~8 级的模数"材"。

（2）模数的运用

在街道空间营造中引入模数的概念，可以更高效地表达与分析街道中主要视觉构件之间的位置关系，间接创造满足人的活动需求的空间。

街道营造设计长期依赖从简单的空间线性调研方式出发，再进行点对点的视觉布局与设计。但这一调研方法不能有效地反映街道一些复杂而重复出现的空间问题，而运用模数的研究方法能很便利地反映这一问题。街道空间中相关的模数可以归纳为两类，一类是显性的模数，第二类是隐性的模数。在街道中行走，人们很容易看到有规则排列的城市要素，它们都会按照一定的模数间隔排列，这就是直观的模数。同时，我们也可以察觉到，在不同大小的街面标准段，都会根据街道的区域属性，配置相应数量公交站，而公交站附近都会安排一定数量的公共

① 贺从容.《建筑十书》与《营造法式》中的建筑模数［J］.建筑史，2009（1）：156.

② 束林.材分制形成原因的思考［J］.山西建筑，2009，35（34）：10-11.

自行车亭，甚至书报亭等。这里体现了许多城市要素之间的配置存在着一定上下左右的联系，这不是按照毫米、英寸等单位进行测量的绝对尺度。这些隐性的模数是按照"人"的尺度来配置的，如同早前达·芬奇与柯布西耶所做的人的尺度标准（见图 5.8）。依靠人的尺度，在分析厘清街道的区域定位及主力人群的行为特征前提下，模数运用可以更为顺畅和高效，使街道和其各视觉要素彼此和谐。

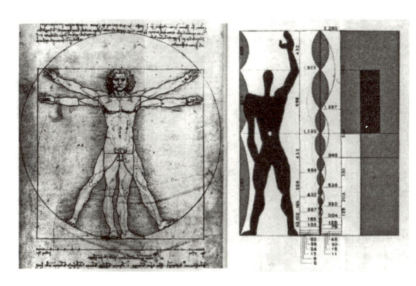

图 5.8　达·芬奇的"维特鲁威人"和柯布西耶的模度人

资料来源：［德］汉诺·沃尔特. 建筑理论史——从维特鲁威到现在［M］. 王贵祥，译. 北京：中国建筑工业出版社，2005。

5.3.2.2　总谱基本参照系

（1）参照系的标准

用系统的方法来规划设计街道空间中的视觉物件，需要经过描绘现状、分析缺陷、系统设计等步骤来达成目标。在这其中最基本的方法就是图纸呈现，每一类设计都有自己的图纸。机械设计图纸、景观设计图纸、建筑设计图纸，看似相差无多，但都是设计者以适应该专题领域的"语言"和参照系来绘制的。

街道中的城市家具都是以一定的规定和规划被安置和定位到各个角落，而找到基本参照系来绘制适合街道空间中"物"的系统整合至关重要。在这一基础上可以开展街道形态的描绘、街道中"物"的布局与系统地展开创新设计。对于空间中的一个点，我们可以用坐标进行描述，比如在 A 点设定一个垃圾桶，那么通过坐标 A（x，y），我们可以很快打开城市的地理图找出这个精确点。但是，面对数以千计万计的空间布置任务，一个个点都通过 x 与 y 的读数去寻找费时费力，最根本的问题是无法从整体上去系统把控整个设计规划过程。

关于位置，除了以上所说绝对位置，还可以采用相对位置的表述方式。A 相对于 B 有一个距离 d1，B 相对于 C 有另一个距离 d2，不同的物体之间都存在相对的位置。利用相对位置与系统中主要城市家具的布局特征，结合实际情况可以更为有效地利用参照系描述街面空间形态及其中的物体。经过对城市家具中各种设备产品的分类和分析，能够作为相对位置参照系基础元素的最佳选择就是每条街道中的路灯杆。所有的路灯杆都是按照一定的顺序与间距进行排布的，通过它的相对位置在图中绘制图谱，能够迅速有效地配置出其他街道中的城市家具等局部元素。

（2）参照系的选择

空间的定位需要指定一个较为普遍出现且相对位置的间距、大小形状较为相近物体，而比较街道空间中具有这类特征的城市家具系列中，路灯杆和交通信号杆最为普及，尤以路灯杆在数量、形状大小、排布规律上都很符合参照物的条件。同时它一般与道路的中轴线平行，除了自身的地理位置，也可以表示其他组成元素的相对位置。当谱系以其为主要参照物时，可以形成一个关于街道城市家具的"导航"系统，帮助完成街道空间的系统设计。

将路灯杆作为图谱的相对参照物，利用它相对固定的间距来进行图谱表达是一种基本的方向。当然，具体问题还要具体分析，不同功能的路灯在不同宽度的街道上，它的排布都要遵循科学的设计原则。根据 2006 年建设部颁发的《城市道路照明设计标准》的表述，路灯在空间中的定位配置需要遵循一定的比值（见表5.3），影响这些比值的主要因素即是道路宽度、光源高度、光源照度三大数据。

表5.3　　　灯具的配光类型、布置方式与灯具的安装高度、间距的关系

布置方式	截光型配光		半截光型配光		非截光型配光	
	安装高度 H	间距 S	安装高度 H	间距 S	安装高度 H	间距 S
单侧布置	H≥Weff	S≤3H	H≥1.2Weff	S≤3.5H	H≥1.4Weff	S≤4H
双侧交错布置	H≥0.7 Weff	S≤3H	H≥0.8Weff	S≤3.5H	H≥0.9Weff	S≤4H
双侧对称布置	H≥0.5 Weff	S≤3H	H≥0.6Weff	S≤3.5H	H≥0.7Weff	S≤4H

资料来源：2006 年的《城市道路照明设计标准》。

注：Weff 为路面有效宽度（m）。

路灯杆的编码本身就是一种位置的参照，可以在街道城市家具分布图谱创立的同时引入。实际上，路灯杆的编码本身就是城市电网管控路灯的日常维修及照明开闭的重要环节。通过编码建立路灯位置与光源的关系，用光控或者定时装置来控制特定区域的灯光白天关闭夜间打开；甚至现在的技术利用 GPS 装置与光电

传感器①，可以使路灯自己完成编码的识别达到节能与人性化控制；同时国内的有些城市也在为路灯杆的编码赋予新的功能，"最大限度地提高它的社会利用率。2009 年沈阳市将全市近 6 万根路灯杆进行了编号，就此全面启动了路灯杆定位辅助报警系统。在路灯杆上贴上醒目的标识，在计算机数据上将路灯杆与警用地理信息系统有机结合。该方法最大限度地提高公安机关快速反应能力——当报警人说出最近的路灯杆编号后，报警服务中心电子地图上立即显示出报警位置及周边明显建筑物，警务人员立即赶赴现场进行处理"②。

值得注意的细节是，路灯的排布并不是完全按照以上的尺度模数来进行（见图 5.9），在弯道处和道路交会处会由于照明密度的需要而发生微调。这在以路灯作为参照系展开总图规划时可以根据实际情况考虑或者忽略，其中重要的是取决于总图的选择视角比例是宏观（如包含若干条街道的街区）还是中观，或微观（如一段街口）。

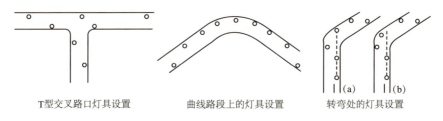

T型交叉路口灯具设置　　　　曲线路段上的灯具设置　　　转弯处的灯具设置

图 5.9　T 型交叉路口及弯道灯具设置

资料来源：梁勇（2013）。

5.3.2.3　街道"物"的总谱建立

（1）总谱中图标的创建

在街道路网构成的总图谱中绘制各个城市家具子系统与其中的关系，离不开关于各种城市家具的抽象符号的创建（见表 5.4）。它的出现将在图面上大大增加各个子系统的可读性，便于在规划思考过程中的便捷交流与后期查询调整，同时直观的符号也便于在实施过程中其他部门迅速理解规划意图与执行对接。值得一提的是，"物"的总谱与中微观图谱相比，要更加的概括与宏观，反映的是大体的城市家具系统的关系，因此，它的图标种类会大大减少，而是更多地通过编码配合简单图标的方式描述总图谱中某个街面区块的城市家具系统大体布局配置关系。

①　陈晓磊，高胜凯，赵静，等．路灯编码与安装位置对应关系的快速采集［J］．信息通信，2014（4）：74.

②　伏桂明．近 6 万根路灯杆"锁定"报警位置［N］．沈阳日报，2009 - 01 - 11.

表 5.4　　　城市家具类在"物"的总谱中的图标设计（部分）

城市家具形状	家具类别	图标及编码				城市家具名称
亭状	服务设施（车）		T	12	A	机动车遮阳亭
			T	12	B	公交亭（站）
			T	12	C	公共自行车亭
	服务设施（人）		T	13	A	电话亭
			T	13	B	报刊亭
			T	13	C	早餐亭
			T	13	D	维修亭
			T	13	E	休憩亭
			T	13	F	非机动车遮阳亭
			T	13	G	移动厕所
	辅助设施		T	14	A	岗亭
			T	14	A	信息亭
箱状	控制设施		X	11	A	交通控制箱
			X	11	B	变电箱
			X	11	C	消防箱
			X	11	D	通信控制箱
	辅助设施		X	12	A	机箱罩
			X	12	B	信息箱
	服务设施		X	13	A	邮政箱
			X	13	B	自动贩卖机
			X	13	C	ATM 机
			X	13	D	垃圾箱
			X	13	E	直饮水箱
杆状	能源通信传输		G	11	A	电线杆
			G	11	B	通信杆
	交通标志		G	12	A	交通标志
			G	12	E	指示标志
			G	12	B	警告标志
			G	12	C	禁令标志
			G	12	D	指路标志
			G	12	E	辅助标志
			G	12	F	旅游标志

续表

城市家具形状	家具类别	图标及编码				城市家具名称
杆状	交通标志	◪	G	12	G	道路施工安全标志
		★	G	12	H	行政事业单位指路标志
		✉	G	12	I	邮政单元指路标志
	交通信号灯	⊖	G	13	A	交通信号灯
		⊖	G	13	J	机动车道信号灯
		Ⓐ	G	13	B	人行横道信号灯
		⊙	G	13	C	非机动车道信号灯
		⊕	G	13	D	方向指示信号灯
		⊕	G	13	E	闪光警告信号灯
		⊖	G	13	F	移动式交通信号灯
		⊕	G	13	G	收费站天棚信号灯
		Ⓜ	G	13	H	车道信号灯
		Ⓜ	G	13	I	道路与铁路平行交叉道口信号灯
	交通照明	⊕	G	14	A	道路交通灯
		⊕	G	14	B	非机动车道交通灯
		⊕	G	14	C	人行道交通灯
		⊕	G	14	D	机动车道交通灯
	信息交互	Ⓟ	G	15	A	泊车咪表杆
		①	G	16	A	人行信息柱
		⊕	G	17	A	摄像（摄影）监视杆
		⊕	G	18	A	交通状况显示杆

资料来源：梁勇（2013）。

在具体的图形符号创建设计中，也遵循比中微观图谱中的相关图标更为简洁、明快、更为抽象的原则。例如，同一科属采用同样的外形，便于符号的大类识别性，例如杆状物都是圆形外轮廓、亭状物都是五角形外轮廓，而箱状体则都采用梯形外轮廓。

（2）街道"物"的总谱呈现

街道中"物"的总谱一般来说可以称之为以城市家具为主的平面布置总图。它的呈现，根据总图比例的不同可以分为宏观总图、中观总图以及微观总图。宏观总谱的比例能够容下规划的所有街道街区空间，它所反映的"物"的配置情况最为宏观与概括（见图5.10）；中微观的总谱图（参见第7章的图7.11）可以容纳一条街的局部标准段或一个完整的路口局部，相对宏观总谱来说其反映的城市家具配置情况更为详细，甚至可以反映单位面积中一个城市家具的内部功能组合情况。

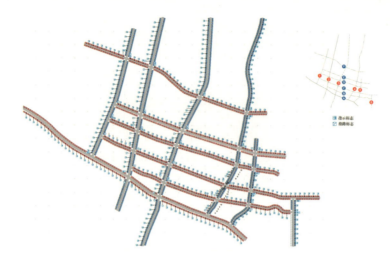

图 5.10　某街区关于交通服务系列城市家具规划的宏观总谱

资料来源：梁勇（2012）。

关于"物"的总谱，它被分为不同城市家具子系统来分别呈现，所以，现实规划中总谱的数量不只是一张总图，而是根据不同子系统分成多个总谱图，比如街区范围内所有亭状城市家具总谱、所有杆状城市家具总谱等。有些城市家具在某一形状分类中还有更多的变体子系统，还有为这些子系统分别呈现的总谱，例如杆状城市家具内照明杆状、交通标志杆状等都有各自的总谱。关于这个方面的详细例证，将在最后一个章节中展示。

5.3.3　"物"的创新与整合法

5.3.3.1　模块化与家族基因

模块化是一种近年来在工业设计领域经常被提到的设计思路。模块，顾名思义就是一个个单元的组件，每个组件相对独立，同时，组件与组件之间存在某种对应的联系，在实际情况的变化中可以根据需要进行多种的单元组合变化，形成不同功能取向的产品形态。在工业设计的代表——汽车设计领域，十多年前还被称为未来汽车工业生产概念的模块化理念，近几年尤其是德国的大众汽车公司，已经在量产车型中实际开展了模块化工程，它在产的多款车型的主要部件都在它的车型中相互通用。可以看到满足模块化设计的物件，必须具备家族式共性特征、内部有通用形态结构、有大批量生产需求三个基本要素。

　　城市家具的设计工程也十分适合模块化。城市家具有相通的内部结构存在，同时又有大批量的生产需求，最重要的是城市家具具有一定的家族特征（见图 5.11）。模块化设计体现了设计规划的全局思维，从前期的设计到产业的后半段都被纳入系统规划的范畴，将生产工艺与造价成本、产品自身功能拓展、多方合作等因素都放在初期的城市家具总体设计选项中。模块化设计的引入，不但符合城市家具在空间中的灵活适用性和整体街面的美学形象要求，更突出了大设计背景下协同创新、高效优质、高产量低代价的设计管理优点（见图 5.12）。

图 5.11　杭州市南宋御街家族式城市家具

资料来源：王昀（2009）。

图 5.12　西班牙 Esteva 公司城市家具试验产品

资料来源：西班牙 esteva 公司．公司产品［EB/OL］．http://www.esteva.com/。

5.3.3.2 关于"物"创新设计

维持设计的创新需要有外界的刺激与创新的思考方法，不断出现的新事物可以刺激设计师进行相应的思考，而有科学、有规律的方法则可以让创造力持续创生。

在街道相关问题的梳理中，城市家具的单体设计创新一直是一个无法回避的焦点。城市家具的概念在英国产生，至今已经有近百年历史，各国在长期的研究与探索中，它的造型与设计不断趋于成熟，而每一次巨大的创新往往不是来自它的外观造型，而是来自人的行为方式改变或需求改变所产生的"事"。这样的现象给我们很大的启示，通过已有的海量"事"与"物"的两大子系统的梳理，我们几乎可以用编码归纳出街道空间中绝大部分的人的行为需求和城市家具实体。顺着编码的构成特点与城市家具的现实状况（关于城市家具评价的雷达图），辅助思考人在街道空间中可能的"新"需求，寻找对应可以产生此项功能的一个城市家具或多个城市家具产品，进行概念上的优化排列组合（见图5.13），以期在这种抽象创新设计方式上催生真正符合街道人活动需求的新城市家具。

图 5.13　源自编码组合的创新城市家具设计

资料来源：梁勇（2014）。

同时，我们也不能忽略街道上悄悄出现的新事物对城市家具创新的重大影响力，每一件新闻上的小"事"，也许就是未来城市街道空间中的一系列大事的开端。例如新的汽车租赁模式与国外普遍采用的鼓励节能出行的交通政策，它们的背后掀起的又是对"事"与"物"的设计思考。

2015年1月8日德国的奔驰集团和重庆市政府联合推出了一项特殊的汽车租赁业务Car2Go（见图5.14），在城市中先期投入600辆微车。这项服务打破了原有汽车租赁业务的模式，间接增加了城市街道的交通利用率。它可以让用户利用手机APP软件直接打开车门把车借走，从A点到达B点，再通过手机操作支付宝或微信完成整个交通服务过程。所有重庆人员密集的街区都可以找到它的专属停车位，不需要停车费，这种做法也间接增加了街道空间的利用率。这种"汽车共享"在城市街道中广泛开展正是街道美学营造问题不断与时俱进的一个远景，未来的都市空间需要解决更为复杂的社会问题、环境问题，美学营造如果简单完成艺术形式上的空间创新是苍白无力的，更需要结合"人—空间—物"一起来系统搭建高效宜人的人性化空间。

图 5.14　Car2Go 租赁式汽车服务项目

资料来源：人民网．亚洲首个"car2go"项目落户重庆［EB/OL］．http：//mcq. people. com. cn/m/cq/news. cqr300？Num ＝7571158，2015/3/11/2015－03－01。

5.4　本章小结

通过前三章关于人—空间—物三条研究主轴的搭建，已经可以树立起一个研究坐标，在坐标上画出街道美学营造的问题焦点，然后详细论述新方法的特点与具体内容是本章的重点。

图谱的方式从设计语言上解决了点到点的空间描述，为城市家具如同棋子般在空间排布成为可能。通过选择合适的参照系和参照物，将相对位置作为基本的图谱框架。以主要城市家具的空间配置为主线，创建不同的城市家具符号，在图纸上进行图谱化演示，具有了很强的设计识别性与实践价值。

编码的方式是在中国城市设计普遍开展数据化标准化空间建设的基础上进行

的编码创建的探索。城市家具的种类划分与统计经过了"打破重来"的全新归纳，摒弃了简单以功能进行的归类，而采用更符合艺术设计学科特色的形态基因来构建种类，并且参照现有的城市设计编码体系，结合国外的编码规则进行城市家具的全系编码，并且为创新式的城市家具预留编码衔接的"端口"。结合国家的中长期科学技术发展的愿景规划和城市设计数据化相关标准，我们对街道中以城市家具为代表的"物"进行了适合美学营造工程设计方法的分类编码研究。

通过宏观、中观、微观三个阶段的设计，锁定街道与城市、街道与城市家具、城市家具之间内部整合三组重要关系，构成了本课题街道美学营造的研究框架。与此同时，许多设计理论与方法也正在经历更多的实践检验。

第6章　街道美学营造的支持保障体系

街道的环境营造工程离不开有效的支持与保障，在前几章的论述中只体现了学术研究的内容，这里将论述与之相关的其他重要因素，尤其是如何将街道美学营造从纸面的设想逐步走向现实竣工中涉及的几个重要相关方面——支持与保障体系。它涉及行政、经济、社会、技术、体制等诸多方面。

6.1　街道营造的政策与管理

6.1.1　政策支持

世界景观设计学科的奠基人刘易斯·芒福德（Lewis Munford）曾经指出"真正影响城市规划的是深刻的政治和经济的转变"[①]，可见处理城市空间问题时，政治与经济层面的同时配合有多么重要。有完善和良性的政策运作体系，是保持街道空间美学营造能够顺利且持续深化下去的重要前提。它的内容包括评价体系、政策执行、法规制定等。

（1）制定顶层政策法规

即在城市地方性政策制定中对城市街道片区的发展战略、规划思路都要用明确的提法确定下来。将美学营造的总体思路落实到城市工程的实处，必须要在顶层设计层面引起足够的重视。总体设计方与城市管理者制定顶层构架时，将突出城市街道网络的系统规划的长期性贯彻意图，例如编制城市街道美学营造的系统规划纲要。在进度上将长期性、系统性的实施规划与中长期或短期的实施目标相呼应，在视角上将宏观街道面貌与中观及微观的街道营造任务相结合。

尤其是具有地方特色的营造主题，需要在总体思路上给予重视；对街道美学营造中处理多方共管的城市家具责任部门或各部门之间地带的内容，要有明确的

---

① ［美］刘易斯·芒福德. 城市发展史：起源、演变和前景［M］. 倪文彦，宋峻岭，译. 北京：中国建筑工业出版社，1989：43.

权限来做街道空间全局设计上的整合动作。

（2）落实相关负责机构的职权

城市户外广告系统规划的专家马泉曾指出，"就全国来说，还没有相应的具有宏观性但又不教条的户外广告规划法规和规划基本原则，没有专门的规划设计部门。对很多尚未规划的城市或者需要整顿的城市来说，尚缺少可供参考的理论研究依据，也没有把户外广告的规划纳入城市整体设计的范畴中来进行研究①。"

在之前的论述中已经说明，仅仅通过行政结构上的自上而下进行城市家具上的分部负责，政府统筹很难避免出现权责不清、最后实施不到位的情况，落实权责机构的职权必须从设计专业团队的权责划分进行改革。以往的设计团队往往是顾问式，只在政府决策层做决策时制定规划方案及设计建议，而当项目具体实施之时，往往不能深入与各执行部门交流合作。应该在权责分配上给予设计专业更靠近权力中心的权责，或者以专业设计团队结合相关部门的负责人成立某街区形象提升工作的专项工作组，强化设计的全局控制力；以这样的专业工作组领导、探讨和划分每一个部门的实施内容，在相当长一段时间内持续专注这一工程，更重要的是在整个企划过程中能够站在战略高度整合街道的空间设计与城市家具的配置与创新设计。

6.1.2　组织管理

为街道的系统营造提供稳定行政支持也离不开有效的组织架构，在组织机构完备、相关管理跟进措施得当的前提下，实现社会效益、经济效益、环境效益等方面的全面收获是组织管理重要的目标。

（1）整合相关组织机构

进行街道的营造工作就牵涉到所在街区的街道组织、各级住建委、规划局、相关片区交通部门、卫生、工商、行政等机构与单位，有的区域街道联网的形象提升建设，甚至是会关系到一座城市两三个片区的上述机构组织。在组织层面上缺乏对这些相关单位与组织的统一管理约束力与协调能力，对于统一开展城市街道环境整治、协调工程进度与内容都十分不利。因此，针对这样的情形，在组织管理上尽快形成实质性的统一管理机构或组织十分迫切与必要。

（2）协调各利益方的合理诉求

关于城市空间建设背后的博弈，凯文·林奇曾经这样评述②：

---

① 马泉. 城市视觉重构：宏观视野下的户外广告规划［M］. 北京：人民美术出版社，2012：156.
② 凯文·林奇［美］. 城市形态［M］. 林庆怡，陈朝晖，邓华，译. 北京：华夏出版社，2001：56.

"城市可以被看作一个故事、一个反映人群关系的图示、一个整体分散并存的空间、一个物质作用的领域。而这些暗喻着包括有很多价值的内容：历史延续、稳定的平衡、运行效率、有能力的决策和管理与最大限度的相互作用，甚至政治斗争的过程。某些角色会从不同的角度成为这个运转过程。"

街道营造工程中设计师和城市建设的决策者主要面对的是处理三个圈层的利益关系，一个是公共部门（主要是政府机构及相关部门）、一个是私人部门（这里主要是参与建设方与资金投入方）以及广大民众。每一个圈层都在街道营造的问题上有自己合理的权益。虽然民众是其中最大的利益方，但许多时候他们的诉求在设计方案及日后的实际建设中没有得到体现。因此作为设计师、决策者以及相关私人部门都应该意识到这三个圈层权益的合理分配。尤其是拥有更大决策权的公共部门，在整体组织管理流程上要避免出现重视建设而轻视管理、追求短期政绩等官僚问题，以免影响整个工程持续进行。

（3）借鉴国外的政策法规经验

国外在城市管理上积累了较为丰富的行政管理经验，尤其是最早提出城市家具概念的英国以及城市化水平较高的美国。它们在政策制定、管理制度、社会引导、地块审批、民主决策等城市建设与管理方面积累了近百年的经验。

在 20 世纪 30 年代，美国为了拉动经济走向，推出了一项"公共设施艺术美化运动"，邀请了一批知名艺术家参与城市街道的美学营造，将公共艺术融入街道空间，做了大量的街面装饰与美化工作①。在相关设施实现的技术层面，21 世纪初的十年间，很多国家和地区在城市空间配套设施制作上，已经开始逐步实验了"模块化""标准化""一体化"的"设计—实施"一体的生产能力。

又比如，1973 年美国国家公路交通安全管理局②酝酿的"carpool"车道。它的专业名为高乘载车道（High-Occupancy vehicle lane，HOV）（见图6.1），或者钻石车道（diamond lane）（因为它的交通符号是一个显著的菱形）。它是为车内起码为两位乘客的乘用车提供的专用车道，这个车道的设立可以鼓励私人驾车者提高单次行驶的社会交通经济性，减少对环境的污染，同时，尽力挖掘身边人的"并轨"交通潜力，也为驾驶者自己提供了增加车速的绝佳机会。这对于各方面来说都是共赢的举措。

这些宝贵的城市政策制定与组织管理经验，为我国的相关工程建设的顺利展开起到很好的借鉴作用，尤其在城市化大面积铺开的状态下，成功组织民众参与重大工程建设决策方面的经验是当下越来越被提及的焦点问题。

---

① 周秀梅. 城市文化视角下的公共艺术整体性设计研究［D］. 武汉：武汉大学，2013：31.

② Virginia Department of Transportation（VDOT）. High Occupancy Vehicle（HOV）Systems-I-395 and I-95 Reversible Lanes. VDOT. 2011.

图6.1　高乘载车道（HOV）

注：左图表明美国 HOV 分时段设立；中图为挪威的 HOV 标志；右图为 HOV 实际运用现场。

资料来源：Chirs Hubbard（2011）。

6.1.3　协同合作

街道的营建受到许多因素的影响，如区域规模、预计建造的时间、沿街建筑物的使用性质、建设预算、地方政策、商业业态等，但是对其中影响最大的还是相关方的因素，这里包含了设计方、城市管理主体的公共部门、私人商业部门、广大城市市民等。

城市家具产品不同于一般的产品，具有公共性与公益性，需要多方协同投入。一般的产品在购买后直接大面积安装为私人使用，而城市家具是为万千大众服务的系列公共产品，甚至许多是带有公益性质的。有些城市家具完全都是背离商业因素，因为服务大众，政府不断注资维护其运行。例如现在的公共自行车运营、纯电动公交车的推广，负责运营的相关公司都是在政府的每年资助与企业赞助下维持着正常运作。

对于设计方来说，应该用更有高度的视角看待城市家具的设计行为，主动与城市管理者一起构筑具有前瞻性的街道营造"任务书"。往往在许多工程的实践中，设计师的目标就是完成建设方提出的"任务书"，有时面对城市街道的全面困局，建设方甚至连"任务书"都不知如何书写。一座城市的街道可能就是在其中体验的人群对一座城市不全面看法的全部产生过程。而作为建设方，由于受到政治政策、投入资金、艺术眼界等因素的制约，未必能做出较为适合街道美学营造提升的最佳决策。这就需要设计师走在建设方的前面，主动"揽活"，为街道空间美学的营造做出更多的"奉献"性的思考。设计方用更高的标准来看待城市街道提升品质的项目，对整个相关空间具有深远的影响。以城市家具为例，它的最终服务对象是广大的群众，不是普通的单一"客户"。作为设计师确实可以设计出十分"漂亮"的产品外观，以通过城市管理者的视觉审核，但从最终服务的对象思考，其实还有很多看不见的"无用功"需要去主动完善。

从相关方的利益来看，这里既有市民的需求，又有政府的一般倾向性甚至相关建设开发商本身的利益等。出发点和着眼点的不同，导致了街道的空间营造往往不尽如人意，这里的"人"就是指不同的利益方很难认同其他利益方的设计。因此麦克·杜宾斯提出的三条城市设计重要注意事项的第二条就是"如果没有将所有利益相关者联合起来共同协调、建设和利用公共领域，城市设计工作就不可能发生。①"这其中主要的利益方集中在私人部门、公共部门和相关社区三个圈层。在处理三个利益方的利益时要集中体现三个圈层之间的公平与合理，尤其是设计师在整体把控空间布局时要充分考虑三者的利益关切点。

6.1.4　技术支撑

城市街道的整体提升是一项复杂而持续的工程，从技术层面来看，需要细致的技术与多方的配合保证，这也是设计项目能从构思走到最后竣工的关键。在这过程中，参考国外的经验，突出从城市管理、城市建设、城市设计这几个阶段的良好衔接与相互兼容方面去思考借鉴与研究十分必要，城市建设决策者、城市设计师、生产建设方、后续运营管理方等都需要一系列的技术支持，以保证街道品质保持在稳定水平。

在宏观层面应该牢牢抓住复杂的街道问题的特点，科学吸取多学科的专业意见。作为城市建设管理与决策层，在处理具体街区的美学营造问题时，应该将街道美学问题放置到整个城市的大局中去判断，真正俯身听取与吸纳多学科的专业意见。制定出宏观的建设战略，与城市其他区域无缝衔接，同时也使得城市全局的整体形象营造规划能够逐一得到落实。

在中观层面，要处理好街道与城市家具的适度匹配关系，定期调查城市家具满意度。根据不同街区的场所属性及活动人群特点，合理而适度地配置相应的城市家具。同时长期调查城市家具与街区的匹配程度，发现相关城市家具使用度不符合预期的，应该及时调整。

在微观的城市家具设计研发上，应积极探索新趋势与新技术，提倡联合研发。作为艺术设计工作者，不能只关心专业的美感问题而仓促制作设计方案；城市家具生产单位也不能只关心产量而盲目抄袭国外现有产品造型，应该保持危机感，不断向内部挖掘潜力的同时，要对新技术与人的行为新趋势具有非常敏感的嗅觉，积极保持专业水平、学术水平与科技水平同时进步，才有可能实现城市空间的焕然一新。

在后续运营上，运用多种技术手段加强多维度的街道空间监督管理。作为后

---

① ［美］迈克尔·杜宾斯. 城市设计与人［M］. 奚雪松，黄仕伟，李海龙，译. 北京：电子工业出版社，2013：4.

续的街道管理监督方，除了通过定期巡视、问卷调查、街道数据的各项统计的普通方式监督，还应该积极运用多种技术加强街面状况的监督与管理。城市家具本身就需要动态的调整与经常的监督维护，同时交通种类特点及交通流速等指标都是调整街道营造策略的重要数据。对于这些实时动态数据的采集还需要其他技术手段。以与交通控制相关的一系列城市家具为例，美国政府一直利用技术手段评估街道的交通环境，利用 GIS 系统，对相关街道区域的活动人数、机动车通行状况进行监控，一旦一个区域出现空间的超负荷，这个区域的交通控制系统就会进行响应，自动开始控制街道路口交通灯的间隔时间与道路中段的变道指示牌中可变车道的方向指示等。新型智能的互联网汽车特斯拉的出现，也让我们看到未来智能驾驶与实时交通信息与汽车完全无缝链接的宽广前景。城市美学营造是一项长期的城市设计工程，需要不断地完善与维护，后续的监管、维护与再调整才是它真正得以成功的关键因素。

6.2　街道营造的评价体系

还原城市空间与人的社会和谐关系，从理性或感性，从宏观或微观，每个人都在用自己的方式感知和判断城市空间的优劣。同时，有半定量分析的理性逻辑分析也是判断与评价城市空间的重要指标，评价体系的建立有助于更好地改善未来研究的走向。

6.2.1　公众参与

对于街道空间的系统规划设计需要整合各方面的利益，其中公众的利益是最为重要的考虑因素。在西方发达国家对于公众参与程度不仅是民主制度的主要体现，也是公众为主体的城市空间塑造的必然要求。

市民对街道空间的感受及喜好程度的评价是公众参与体系中相当重要的一个标准，对于艺术设计主导的城市空间营造工程，它也是重要的一个参考指标。詹姆斯·A. 罗索（James A. Russell）在对环境的情感研究中，提出了一种"情感判断"的标准，这是对对象的一种喜好判断。他将空间中人的情感属性的判断划分成两个图表——"环境情感属性的空间结构"和"情感空间的四种假定场所"[1]。图 6.2 清晰地反映了影响人对街道空间情感判断的因素，为树立公众参与评价体系的建立提供了良好的基础参数。

---

① James A. Russell. "Affective Appraisals of Environments," in Jack L. Nasar （ed.）. *Environmental Aesthetics: Theory, Research, and Application.* Cambridge: Cambridge University Press, 1988: 120 – 129.

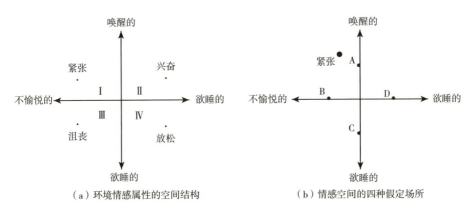

（a）环境情感属性的空间结构　　　　　（b）情感空间的四种假定场所

图 6.2　"情感判断"标准

资料来源：陈李波（2006）。

从社会学层面分析，家的文化是中华民族得以凝聚的重要因素，它是公众维系情感的重要场所意识，如果公众街道场所也有类似家的归属情感投射，那么这个街道场所的营造在一定意义上就取得了成功。因此对于营造设计的评价不能忽略公众，尤其是市民归属感的评判。

6.2.2　评价的对象和主体

6.2.2.1　评价对象

街道美学的营造效果的评价对象是客观评判某街区风貌营造效果的前提基础。对于评价对象的选择也应该基于人的视觉体验及行为体验，找出密切相关的对象。按照视觉影响程度，可以对评价对象进行排序，例如沿街店招、城市家具、配套道路植被、公共艺术品等都是重要的评价对象，除了这些实体，人处于街道空间的整体感受也是重要的评价内容。

6.2.2.2　评价主体

评价的主体来自利益相关方：城市居民、专业设计者、城市管理者、商业利益团体等。在评价主体的评价主导权分配中，应该尽量考虑最大利益方的利益关切，因此城市市民的评价占比应该有更高的体现；同时来自专业设计者的评价也应该保证相关学科专家的加入，尤其是来自城市可持续发展、城市文化、城市美学等有关城市软实力学科的专家。

6.2.2.3　评价周期

在设计进行的整个过程一直到结束设计之后的实际运营的很长一段时间里，

客观的评价是推动街道营造提升最重要的一个因素。在每个阶段的评价里都应该总结其中问题的原因，迅速找到继续执行设计的应对方法。

6.2.2.4 评价原则

凯文·林奇在它提出著名的五大城市空间形态评价标准之后又追加了两个标准——"效率"与"公平"。这也是现今许多中国城市管理者与城市设计师在制定规划设计时所缺少兼顾的。在评价标准制定初期，必须纳入所有人群的建议，尤其是来自麦克·杜宾斯所提到的私人部门、公共部门和相关社区三个圈层建议的评价标准。所有人的各种评价都经过统计呈现，以清晰、科学的方式将整理后的评价向社会公开。如果有偏颇之处，还应组织评价相关方再次对调整后的设计方案再度评审，直到拿出各方都可以理解的方案。

评价的原则同时应该包含"主观和客观原则""定性与定量相结合"。大面积的评价采集与归纳势必有较为优秀的建议或不能被采纳的建议。对于一些明显不能被采纳的评价，可以用"主观与客观原则"，主观结合客观进行过滤筛选。在定性与定量结合的问题上，传统的有关美学营造的问题都会以定性的方式进行为主，例如在问卷中提及许多定性的选项，"美观""十分美观""便捷""一般"等，而对于定量的分析并没有被考虑其中；实践中，在街道空间的设计时涉及了许多整合的因素，而且许多指标是可以进行量化的，增加定量的评价有助于改善评价对象设计——街道城市家具产品体系的可操作性与可控性的进一步提高。

6.2.3 评价标准

街道作为人活动的基本空间之一，从宏观角度看，它的质量好坏，主要是"场所自身和使用这个场所的社会[①]"共同作用的结果。

指标作为评价的标准是一个较为抽象的数字，但是对于许多城市中生活的人和城市自身来说，它又是不得不提到的重要因素。正如凯文·林奇所说，我们想用任何固定标准来衡量一个城市性能的做法，都将是愚蠢的举动[②]。所以对于指标的建立，应该有更为审慎的态度。

6.2.3.1 关于街道空间的评价

对于街道空间营造效果的评价标准，也许应该有一个较为有共识的取向：空间品质上是否具有可识别的特征；尺度适宜度如何；在空间中的人是否感到喜悦；

---

①② ［美］凯文·林奇. 城市形态［M］. 林庆怡，陈朝晖，邓华，译. 北京：华夏出版社，2001.

不同人群是否都能在此享受顺利的交通；等等。有类似的这样一组指标，用数量、多与少、百分比等形式统计下来，每一个单独的指标都对应一个重要的质量，都有一个共同的基础，均用较为一致的方法进行评估。这样也许可以相对准确地进行指标评价，而几位前人也对这部分的相关内容进行过较为成熟的研究。这其中就有凯文·林奇归纳的著名的七个评价城市空间形态的标准——活力、感受、适宜、可及性、管理、效率、公平。

值得指出的是，上述的活力是指对人类各种机能支持程度，更强调对生态的持续及物种延续的含义。对比街道空间营造的问题，活力应该是使人在其中能充分发挥生理及心理机能，刺激人能够对街道空间产生良性互动的状态。而最后两个标准——效率与公平是林奇特别提到的，也是许多城市设计者所忽略的。任何一项对空间的改造与更新都会预示着一定的代价，甚至是倒退。除了资金、人力等付出更可能产生对环境和人类自身的负面影响，成果与代价的比率即是一种效率。公平这一项也是十分点睛的评价标准，它体现了在设计之前要处理好各方的利益关系。总而言之，"公平会平衡人与人之间的利益关系，效率则平衡不同的价值观之间的利益关系①"。

同时从各国对城市空间质量的评价研究中，我们也可以得到很好的借鉴。英国著名的城市设计师马修·卡莫纳也归纳了五点关于和谐整合的标准②。加拿大温哥华道路建设方案评估中则运用了"打分法"，由高级规划师、建筑师、交通规划专家以及由该规划和工程局的官员组成的专家小组进行打分。该评估系统用百分制建立在 5 个要素之上：交通运输及其效率（20%）、灵活性（5%）、美学及对环境的影响（25%）、城市规划的意义（30%）、成本（20%）。

雅各布斯对街道的自我评价问题曾有这样直率的认识：

"一个成功的街区应该能够知晓自己的问题，不至于导致问题成堆而积重难返。失败的街区是一个被问题纠缠，甚至在越积越多的问题面前无可奈何、不知所措的地方。③"

普通民众看到的许多城市街道都能够评价它是否成功，对于一项负责任的可持续研究项目，应该建立较为合适的评价体系，有正确的评价才有日后科学的设

---

① 陈伟，洪亮平. 公私合作进行滨水区开发：以美国托莱多市为例 [J]. 国外城市规划，2003（2）：52-54.

② [英] 卡莫纳等. 公共场所——城市空间（城市设计的维度）[M]. 冯江，袁粤，万谦，等译. 南京：江苏科学技术出版社，2006：153.

③ [美] 简·雅各布斯. 美国大城市的死与生 [M]. 金衡山，译. 南京：译林出版社，2005：110.

计。在分析现有相关标准及广大市民及城市管理者的诉求的调查基础上，笔者汇集了几类关于城市街道美学评价的可行性标准。

（1）性格特征

性格特征不仅指人，也应该在街道中体现。马歇尔·伯曼在对许多令人难忘的街道做出研究时总结了这些街道的共同特征，即社交性。优秀的街道都为人们提供更多公共场所交流的可能性，这同时也赋予各式街道自身独特的性格。伯曼特指出优秀的街道具有性格特征，作为街道营造实践的目标，一条街道的空间是否具有特定的属性特征，确实是营造活动成功与否的一个重要指标，它同时也体现了林奇关于城市空间应该具有"活力"的基本属性。

（2）宜人与高效

宜人与高效体现了街道空间的功利性，优秀的街道空间必须切实满足人的内在需求与外在需求。从人机工程学的角度，它体现了务实的"人—机—环境"应有的和谐关系。宜人主要体现在街道空间环境的品质，高效除了街道空间更指城市家具等物件的实际体验感。这个评价标准还有很多细化的内容，在国外的许多评价研究中还会单列出可达性、可识别性，作为空间质量的衡量标准之一（见图6.3）。

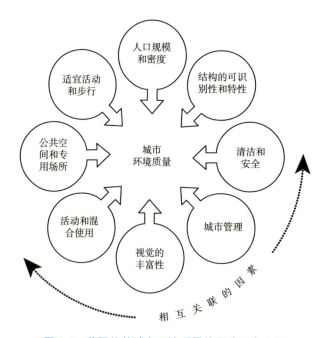

图6.3　英国伦敦城市环境质量的影响因素分析

资料来源：［英］卡莫纳等．公共场所——城市空间（城市设计的维度）［M］．冯江，袁粤，万谦，等译．南京：江苏科学技术出版社，2006。

（3）视觉整体性

视觉整体性是人在空间中的审美基本需求，也是美学营造的基本原则，视觉的整体性包含了视觉元素的统一，也包含了变化，并且有合适的节奏与尺度，合理控制城市视觉元素的色彩、数量等都属于视觉整体性在执行时的具体表现。许多街道设施及风貌改造并没有考虑这一顶层设计原则，视觉整体性在各种孤立的风貌改造中被相互抵消，这也成为许多中国城市街道在大拆大建背景下面临的重要问题。

（4）管理与公平

街道的空间形象不仅需要硬件的管理维护，还要有高效与成功的管理体系支撑。分析世界上许多优秀的街道，背后都有优秀的团队组织运营。在日常我们经常可以看到一些所谓违章行为，如居民占道堆放杂物、擅自安装指示牌、不顾街道形象随意设计店面门头、损坏或私自占用城市家具、行人横跨护栏、商人随地摆摊等五花八门的问题，这些问题的出现与解决都体现了街道空间管理的水平，这些问题的处理不只是"城管"的事情，而且应该上升到城市总体形象的管理层面进行思考。

公平体现了街道空间是否正确体现街道空间中诸多利益体的权益，能否平衡处理街道空间运营中的矛盾。对街道空间造型的改造提升，势必会对沿街的利益体的行为与利益产生影响，例如统一店面门牌的制作要求、沿街居民楼的立面改造与美化、道路人行道的拓宽或缩减等，一道道行政命令之下，需要在执行与沟通中体现公平、透明。因此管理与公平是对街道营造工程的"执政水平"的长效评价。

以上的评价标准主要从人在户外活动的因素进行全面考虑，同时兼顾了街道运营方面的因素，包含了生理的、心理的、社会的、文化的、审美的、行政管理方面等，这些都是不可忽略的重要评价因子。

6.2.3.2　关于城市家具的评价

加拿大的城市管理者同样也组织了专家对街道整体形象的每一要素再细分为更详细的条目（合计 40 分），其中与街道城市家具评价联系紧密的打分项目有：

设施本身的视觉效果	3 分
设施外部的视觉效果	3 分
在娱乐和景观方面的潜力	4 分
对历史名胜的影响	1 分
污染（噪声、烟雾）	1 分
与道路沿线建筑的协调性	5 分
设施设计造成的视觉不适感	4 分
建筑体量对人们的影响	4 分
投资成本	12 分

设施的运营成本 　　　　　3分

从上面的解析，我们发现城市管理者对于城市家具的评价，从全局角度考虑，重点关注的项目主要是城市家具投入的成本、对街道整体视觉的系统性协调性影响，其次是视觉效果、功能潜力以及负面影响等。其中投入成本（商务报价）的考虑几乎占到了评价体系的一半之多。当然，以上的评价只是针对诸城市设计的建设专家进行的评价标准。而如果针对街道的另一个主体，城市居民、社区居民、外来游客等又会有不同权重。综合这些因素，我们归纳为视觉美感、功能组合、实施成本、家族基因、综合评价五个方面。这五个方面形成五角雷达图（见图6.4），并且逐步形成五项更细的评价标准，可以为每一个城市家具建立出直观的价值分析模型。

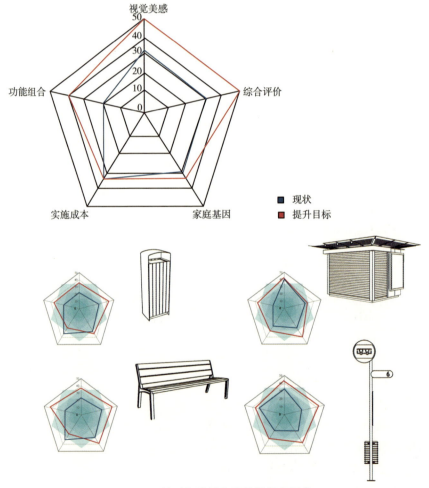

图6.4　针对各类城市家具的综合评价

资料来源：梁勇（2014）。

通过这种新型的城市家具的评价分析雷达图，可以在城市家具改造前对现有城市家具进行现状分析，同时结合改造后投入使用的城市家具进行现状调研，可以更好地反映城市家具在提升过程中的变化。对于长期从事街道美学营造的团队来说，不断地累积数据与城市家具评价分析雷达图，可以形成宝贵的数据库，在决策者判断在何种城市空间设计或布局何种优势性城市家具时，会越来越具有合理性依据，城市街道营造也可以越来越系统地开展设计与建设。例如，在数据库中可以分析十组视觉效果较好与实施成本适中的城市家具，选取功能组合与视觉效果曲线较理想的城市家具组合，并进行不同城市家具的再组合设计，为打造某一特色风貌的街区做出相应的高效设计。这与运用传统设计思维——选取美观的城市家具造型，堆砌放置到街道空间，以形成空间美感的简单营造思路相比，更符合街道空间营造提升的实际诉求。

6.3　街道发展的影响因素

随着对城市问题与街道相关问题认识的深入，分析与理解学界前人的精彩学术研究，我们发现每一次学术的飞跃都离不开现实问题的产生，城市发展历史似乎会在一问一答间上升一个层次。下面将分析一些影响街道现在与将来的重要因素，这些因素虽然之前没有分析，但它们很可能继续发挥它们对街道营造问题的影响力。

6.3.1　汽车发展的影响与机遇

汽车的出现已经影响了近百年的街道空间营造格局。勒·柯布西耶作为一名世界知名的建筑师在 1924 年将汽车写入了他的名著《走向性建筑》："我已经四十岁了，为什么我不买一幢住宅？因为我需要这工具，我要买的是福特汽车那样的房子。"他向往以汽车机器标准化那样来建立城市空间，因此在《雅典宪章》发表之后，城市空间被各种工作区、居住区、休闲区所割裂，只能用汽车来联系彼此[1]。到了 1942 年，英国人屈普又进一步提出城市道路按交通功能分级设置的理念，至此，汽车作为城市道路的最大路权所有者，开始逐步扩大它对街道形态的影响力。20 世纪 50 年代，美国政府开始以铲除贫民窟和兴建汽车高速路为特征的大规模的城市更新运动。

---

① 王军. 采访本上的城市 [M]. 北京：生活·读书·新知三联书店，2008：6.

随着城市扩展道路的功能逐渐达到顶点，城市管理层又开启从交通的另一个源头控制增长。我国在 2010 年前后各大城市都陆续开始执行机动车保有量的限制。截至 2014 年初，已有上海（1994 年）、北京（2011 年）、贵州（2011 年）、广州（2012 年）、石家庄（2013 年）、天津（2013 年）、杭州（2014 年）七个城市通过实施限购限牌的方式控制机动车在城市中的快速增长。

车对于人类活动、日常行为、活动地点和方式造成了深远的影响，并且汽车的流行对于物质世界也造成了不可逆的变化，包括建成环境的区位、形式和构成，以及自然环境的特性、质量和可持续性等。近 20 年，中国各地都将公路投资优先考虑，而相对减少了其他基础设施项目的资金投入。例如车行道路占据了城市化区域的许多面积，而为适应更大规模汽车出行的需要，道路设计会做出调整，去挤占和减少其他行道空间，诸如人行道、非机动车道甚至道间绿化等空间，这导致的出行环境的恶化也迫使更多人去选择汽车出行。

随着市民组织和城市管理者越来越致力于修复被汽车破坏的街道场所环境，将质量和功能（这里包括社会互动）带回街道生活中的前景变得越来越光明。居民和政府的有效互动将促使市民得到更多更好的出行方式选择权。

在改善路权分配和围堵汽车增长的背景下，我们也看到一股汽车自身变革的清风扑面而来。纯电动、混合动力、微公交、无人驾驶等汽车新技术离普通人正越来越近。我们可以畅享未来城市街道上新的变化，纯电动及混合动力技术使未来的街道减少了污染气体和噪声；在微公交和无人驾驶的引导下道路交通变得顺畅益达；而在城市家具方面，整个城市家具系统会开始出现大量各种汽车的充电桩，而且这些充电桩都是经过系统地规划在城市街道各个空间以各种组配形式出现，例如和公共自行车系统、街道临时泊车系统分别组配，形成以人行方式、车行方式、其他出行方式等户外活动为圭臬的城市家具子系统联合体。可以想象，这样的汽车变革将给街道空间带来再次提升的机会。

6.3.2 "大数据"影响街道营造

6.3.2.1 大数据对街道活动的直接影响

随着 20 世纪末计算机和互联网技术的迅速发展，呈几何级递增喷发的信息量向城市人扑面而来，数字化驱动城市的潮流已将不可避免地影响城市街道空间。"智慧城市""智慧交通""数据活化"（data vitalization）等新词汇开始被越来越多的普通人谈论。

大数据的出现已经普遍开始影响街道众多个体的行为。现在打开一部手机，我们就可以通过手机知道自己具体的位置，因为有了数据，马上可以了解街道周边的商业、餐饮、加油站等诸多信息，甚至可以通过享用大众的大数据，查看哪一家美食被评价为最上乘，哪一处即将有停车泊位，哪里刚有一辆公共自行车可以被借取。我国北斗星通公司在 2015 年 5 月发布了一款名为"Nebulasll"的高精度全球卫星导航定位芯片，它同时具有高精度、迷你型、低功耗的特点。可以想象当它普遍植入我们的手机，在街道中自我定位以及查找目的地的进度可以达到厘米级不再是想象。

6.3.2.2 大数据直接介入街道营造设计

而对于街道的相关设计行业来说，街道美学营造问题的新探讨也离不开"大数据时代（big data era）"开启的序幕。麦克·巴蒂（Michael Batty）曾经这样描述大数据："无法在一张电子表格上放置的数据即可视为大数据。[①]"这样的描述直观地突出了大数据之大，但被许多人忽略的是，从宏观角度看，关于它的战略意义并不是在于掌握和占有巨大的数据量，而是不断提高对这些有意味的数据之专业化分析处理能力。换句话说，大数据带给传统街道美学营造实践的关键，是在于提高对"数据"加工利用的能力。以上所说的街道中的"数据"不单是比尔·希利尔在空间拓扑图中描绘的从 A 点到达 B 点所应经过的总步数，更含有"人在街道空间中的活动轨迹""人在街道空间不断收集或释放的信息量""城市家具等街道视觉物件对人的主动影响"等从宏观到微观的各种亟待梳理和分析的街道空间"数据"。通过引入大数据与云计算，达到街道空间中各个视觉物件的更新与优化，这也是一种从方法上创新艺术设计创作的思路。

在这一点上值得注意的是，近年来国内建筑设计实践中引入了美国的 BIM（building information modeling），国内比较统一的译为建筑信息模型。这一技术，表面上是一个软件，但可以说是一个全面的集成化建筑项目管理数据库。从建筑的造型设计，到建筑的选材、成本的控制、实施进度控制，直到完工后的维护，责任追溯都全面覆盖。如果看似打开一张普通的电脑 CAD 图纸，查看其中建筑模型上的一扇窗，与该建筑相关的任何人都能看到这扇窗的虚拟施工，其间的各工种协调、成本核算、加工工艺、安装进度、构件组成、来料追溯等都能瞬间汇集，并且能够进一步进行数据的分析，达到决策的支持。从项目设计到施工落成与这扇窗相关的所有人、所有任务、所有材料、技术、成本、时间都得到充分的系统梳理，更不用说 BIM 技术在整个建筑中运用而产生的惊人效果。如果对于城市街道中任意一个城市家具组件，也能形成如此缜密而全面的技术分析与数据管理，那将是一件非常浩大而有意义的研究，事实上，这需要城市管

---

① Batty M. Smart Cities, Big Data [J]. *Environment and Planning-Part* B, 2012 (2): 191.

理者携手更多与城市设计息息相关的不同学科专业，从系统上提升设计效率与管理水平。

可以想象，在大数据介入下进行街道美学营造的实践，设计参与者不能是简单地又一次完成"城市美化运动"，而是该思考如何更好地分析组成街道空间中各种视觉物件与人类活动的内在联系，在全局上把控街道城市家具，从现状分析、整体规划、具体设计，一直到设施施工、维护，甚至更新升级等，都要引入更为系统的设计管理方式。

"在城市信息化浪潮与数据科学崛起的共同推动下，智慧城市在全球范围内成为下一代城市化发展的新理念和新实践。[1]"在传统的城市地理与规划学科中，质性与定量两种分析方向是主要的方法[2]。现代的城市空间的问题已经可以通过描述性统计、聚类分析、因子分析等数学模型的定量分析以及现场访谈、实地观察、口述史、地方志等质性分析被逐步地解析和研究。如果城市设计的研究方式"转向运用大数据更为直观、全面地描述城市的运转过程[3]"，那么它的成果来源将不再局限于实地走访、采集少量样本、调查统计等真实性、准确性、时效性都较低的传统方法。

6.3.3　虚拟空间对街道的解构

科学技术的发展，促使城市人生活方式、行为习惯发生改变，它也必将体现在对城市空间的影响上。互联网的发展催生的"虚拟空间"正在逐渐解构"现实空间"。

Web 2.0 时代已经在 21 世纪初显现端倪，所有的被动逐渐变为主动。如果说过去看电视只是单向被动接受节目内容，现在人们可以充分获取和制造自己的节目内容，媒体的主导权已经由电视媒体切实地转到了无数的个体手中。

互联网使得全球一体化更加直观，交通的发展也四通八达，乡愁也不再"是一枚小小的邮票"[4]，也许大家彼此的实体距离和虚拟距离都被不断缩小。美国知名的全球管理咨询公司麦肯锡在 2015 年发表的中国数字消费者调查报告中指出的一大趋势是：实体商店因为网店销售挤压市场份额，会逐渐走向实体"展示厅"、体验店等形式。同时调查还表明，在近 5 年的发展中，中国网络消费购买电子产

①　单志广，王静远，李超，等. 以数据为中心的智慧城市研究综述［J］. 计算机研究与发展，2014（2）：239－259.

②　朱寿，佳秦萧，甄峰，等. 大数据时代城市时空间行为研究方法［J］. 地理科学进展，2013（9）：1352.

③　叶宇，魏宗财，王海军. 大数据时代的城市规划响应［J］. 规划师，2014（8）：5－11.

④　引自余光中诗句《乡愁》。

品的比例从 1% 攀升到了 16%。实体店的展示效应对 30% 的消费者有重要影响，这些人同时通过手机了解过相关信息，最终在实体店完成购买的只有这其中的 16%，其他的消费者大多又回到网上零售商店完成购买。在看到这份调查报告后，我们可以想象，未来的百货商店可能就是夕阳产业，而沿街林立的商铺又会呈现另一种形态，街道的空间也许也会迎来再次变革。

6.3.4 城市文化对街道的永恒意义

街道是感知城市活力和品质的重要公共空间，这也是许多其他空间所不具备的特征。"当我们想到一个城市时，首先出现在脑海里的就是街道。街道有生气城市也就有生气，街道沉闷城市也就沉闷。[①]"

从另一种意义上说，城市也是一种文化形态，城市形象就是城市文化中的一部分。刘易斯·芒福德更是认为"城市是人类文化的容器"，在形成、发展文化的同时，也影响了城市空间和人的生活品质。城市文化可以分为物质文化、制度文化、精神文化三个方面，从社会学角度分析城市文化更关注城市进程中的各种文化矛盾。

街道有意识的注重城市形象可以追溯到欧洲巴洛克风格城市的设计实践，强调几何形、规则的图形、古典唯美等，尤其其中还强调了将城市空间各要素的"规整化"[②] 作为提升城市形象和人的生活环境品质的主要手段。

注重城市形象的塑造也离不开对相关城市文脉的研究。文脉（context）是交织的脉络、血脉等意思。城市的今天、昨天和未来，犹如不断流淌的河流，都会有历史的沉积。任何一处老区的砖墙、里弄都留有时间的记忆，历久弥新。事实证明，任何一处城市文脉的断痕都会对这一地区、这一城市造成不可估量的损失。

6.4 本章小结

任何一项城市空间营造工程的顺利完成都离不开各方面因素的积极配合与协同支持。本章从政策法规、评价体系、技术支撑、协同合作以及其他影响因素进行了论述。

政策法规作为一项长期而保障性的支持，需要城市管理者与设计方一起保证

---

① ［美］简·雅各布斯. 美国大城市的死与生［M］. 金衡山，译. 南京：译林出版社，2005：158.
② 曹巧兰. 城市审美形象研究［D］. 南京：南京师范大学，2006：17.

顶层设计的科学合理，同时政策法规也是在空间改造实施阶段所必须依仗的有力支撑。有了它的保障，可以避免出现街道空间美学营造的大忌——出现后劲乏力、虎头蛇尾的工程。

评价体系充分说明了民主、专业、效率的统一，将尊重专业意见与吸纳普通市民建议相结合，突出与城市民众在设计规划思路上的互动性；以科学的方式巩固来自街道相关的多方群体的利益；合理地制作评价标准与调查类目，使得收集的意见更科学、更客观，更快速地反映在实际的设计改进之中。

最后评述影响街道美学营造设计方法及研究趋势的几大重要因素，尤其是大数据与虚拟空间这两方面的影响，它们日渐强大的影响力预示着城市空间的未来。

第7章　街道空间美学规划相关实例分析

2011～2012 年进行的江苏省常州市新北区的美学营造案例中，有关街道城市家具系统规划的实例与本书研究的吻合度较高，很好地体现了城市家具系统规划设计方法的实效性；同时，现实的规划设计也为本书的完善提供了重要的机会。

7.1　实践项目概况

7.1.1　设计内容

2011 年，笔者所在团队对常州市高新区所属的新北区进行了全面的调研与相关街道的空间美学提升工程，用近一年的时间完成了对该地区的全面调研与相关区域的街道品质提升的规划方案。

常州市高新区提出了"建成国内一流的国家创新型科技园区、增长强劲的新兴产业引领区和生态宜居的现代化新城区"的发展目标。全区总体规划结构已经明确，在三大发展目标指导下，高新区正通过推进各大功能板块与重点工程建设，全方位向国际化、生态化新城区发展。本次规划设计一共涉及"六横六纵四园九节点"。其中"四园"指生物医药产业园、光伏产业园、龙城创意产业园和新龙国际商务城，是高新区的重要发展板块和"十二五"建设的重点工程；当时四个园区的主要现状与规划范围如下：

光伏产业园：一流光伏产业基地，以"光伏—低碳"为特色的"产、居、商、旅"综合性城区，面积 11.24 平方千米。生物医药产业园：国内知名、长三角一流的生物医药产业基地，现代科技示范园，面积 6.3 平方千米。龙城创意产业园：建设"中国知名的创意产业基地"，与常州恐龙园结合建设，营造"常州时尚文化休闲住区"，规划面积 8 平方千米。新龙城国际商务城：展现"国际化、生态化、智能化"的常州新名片，树立国内新城建设的典范，规划面积 1.6 平方千米。

"六横六纵"既是高新区对外衔接的主要通道，也是联系城区各大主要功能区域的重要道路；"九节点"为机场、港口、高速公路道口等城市交通关键节点区域，尤其重点的是新龙城国际商务城的街道空间。

7.1.2 定位目标

在总体定位上，本次规划被定为"国际新北，智汇江南"，意为秉承国际风格，在艺术创意中智慧解构江南韵味，努力"打造常州第一街"。艺术上"最现代"——现代感的艺术品质；功能上"最合理"——最便捷、最高效的人车活动解决方案；运营上"最领先"——将绿色、太阳能、低能耗融入街区运营；氛围上"最高雅"——聚集当地最佳文化、休闲氛围。除了执行相应政府决策部门的总体定位目标，团队还预先调研了该区域的历史、文化、自然环境等诸多空间营造阶段需要的人文背景。

而在城市家具系统规划方面，主要为"六横六纵四园九节点"区域的公共休闲服务设施、交通服务设施、公共卫生服务设施、信息服务设施、美化丰富空间设施的方案设计，要求借鉴先进地区的建设经验，结合本区域文化风情和发展特色，设计形成一整套功能性与艺术性兼具、可操作性强的方案。

7.2 调研分析阶段

调研分析阶段是对街道空间从直观认知到客观分析的规划信息聚合，本次调研采点包括六横六纵主干道交叉口、四个园区中心区域及重要的城市枢纽节点，取得了大量的实际现况资料。调研范围涵盖主要干道街面公共空间、节点区域公共空间，以及主要园区的环境现况、景观设施系统、公共服务设施、交通服务设施、信息服务设施和空间美化设施。

7.2.1 街道路网现状

整个区域的街道路网的研究分为实地现状还原与路网图谱化两个阶段，在这一阶段的研究主要集中在前者。常州市新北区主要有 12 条主要街道，其中通江路为最重要的区内街道，而龙江大道为主要的门户道路。通过对六横六纵全长近 120 千米的道路进行空间实地考察（见图 7.1），将这 12 条道路的路面组成还原成平面和剖面图谱。实地现状还原主要是从宏观角度将新北区的这 12 条道路形成的路网当作空间的一个面域来研究，分析路网的形态与路网交织的节点，了解该空间中的人的活动特征与环境特点。

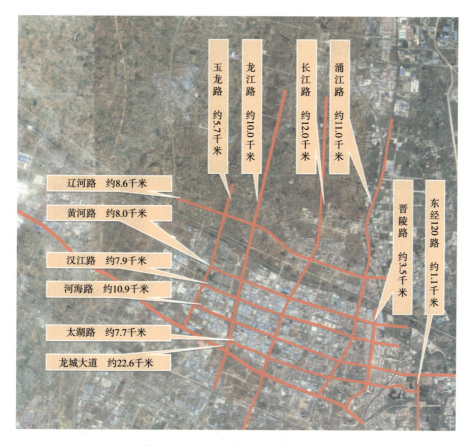

玉龙路　约5.7千米

龙江路　约10.0千米

长江路　约12.0千米

涌江路　约11.0千米

辽河路　约8.6千米

黄河路　约8.0千米

汉江路　约7.9千米

河海路　约10.9千米

太湖路　约7.7千米

龙城大道　约22.6千米

晋陵路　约3.5千米

东经120路　约1.1千米

图 7.1　"六纵六横"街道现状分析总图

资料来源：梁勇（2011）。

对线性道路的标准段进行分析，以此更直观地反映道路的属性及其空间形态。从现场调研可以看出这 12 条道路均为适宜车行的快速路。车行道基本都是双向两车道，还有几处主要道路规划设计成了双向四车道。这样的道路形态决定了目前该区域城市家具的配置车行与人行设施的比率和密度会有很大不同，而行人在这样的街道空间显得更为弱势，这些都是进入下一步城市家具系统规划中需要及时调整的内容。

除了线性道路的标准段调研，对道路交织成路网的路口进行更为细致的调研"描述"（见图 7.2）也是现实调研的主要方面。它可以在人口密集及交通复杂的区域更好地观察街道面貌，考察重要街口的城市家具配置合理程度。从初步的现场分析可以看到，由于道路宽度的超前规划，街口两边道路标示、路口指示都不是特别地清晰，人行与车行的分离在标准段上呈现的问题在各大路口处有所放大。

135

图 7.2 对"四园"区主要道路路口的调研对比分析

资料来源：余丁宗（2011）。

7.2.2　街道与城市家具现状

调研分析的第二部分是用中观和微观的视角，考察项目实施区现有的街道节点中的城市家具系统和城市家具单体。街道节点是布置城市家具的重要依据，在每一个街道空间的具体城市家具配置上需结合分析街道节点的性质与特征。这一阶段的主要任务就是梳理好城市家具系统性的问题以及单件城市家具的现状。

根据对现场感受与测量拍摄，团队收集了大量现场图片和街面数据，并且最终将在抽象的路网结构图中标示出所有现存城市家具的位置与布局，为下一阶段规划调整现有城市家具系统做好充分的资料准备。同时团队也总结了新北区街道的现状问题，这里可以简单地从以下几个方面来概括。

（1）街道缺乏统一设计规划，街面布局比较凌乱

从形式上看，沿街建筑体量略大，道路宽（见图 7.2），更重要的是新北区商业街自身形象特色不够突出，同时也反映出在接下去的规划阶段，要全面整治街道面貌，必须将一些重要建筑、主要街面中的沿街店面立面细节都纳入规划设计范畴。

（2）街道城市家具设计有待改善，部分地区配置不合理

公共设施从数量种类以及品相类型上都有待增加。通过整体规划，设计有新北区特色的城市家具，对电话亭、路灯、垃圾桶等城市家具（见图 7.3）需要做统一设计。重要路口增加公共艺术品。同时在一些特殊路段应该合理分布城市家具，保证本地居民的基本行为需求。

（3）街道缺乏统一的色彩设计，部分色彩干扰正常街道活动

实践证明，经过专业色彩设计并且严格实施设计策略的区域，能够使该区尤其是旅游景区提升整体形象艺术。在许多城市家具及店面招牌的色彩搭配与选择上，缺乏统一的协调与指导，不但对街道的出行活动产生不必要的干扰，也增加了在现状基础上提升整体形象的实施难度。

7.3　系统规划阶段

7.3.1　宏观阶段的路网区块分析法运用

在宏观阶段的路网图谱化，将设计师现场感知结合系统分析，包含了对"六纵六横"道路形态、街道立面以及城市家具三个部分的全面系统分析。

经过对现状道路的节点（路口交会处）分析、道路标准段分析（见图 7.4）、全局路网分析的全方位街道现状分析，归纳其中形态特点，我们建构了主要街区的

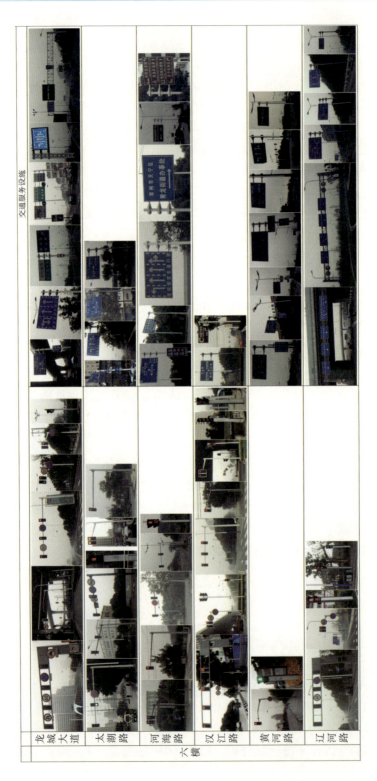

图7.3 对"六横"支路口杆件与箱体城市家具的调研对比分析

资料来源：梁勇（2011）。

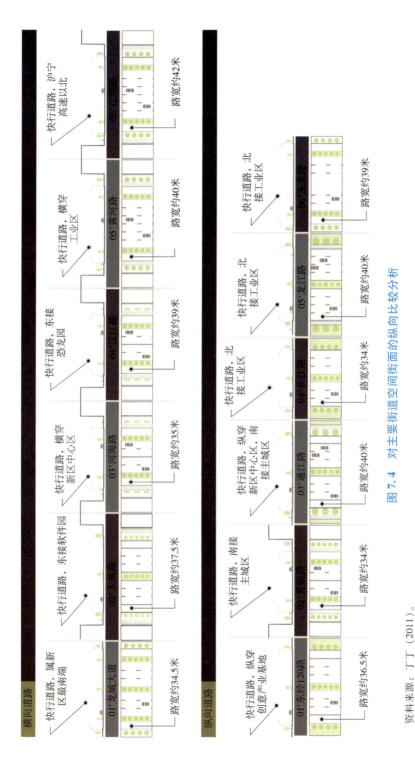

图 7.4　对主要街道空间街面的纵向比较分析

资料来源：丁丁（2011）。

路网图谱。

在对道路的路网图谱建构上，我们完全运用了本课题研究的方法。在图谱中对现有街道的主要路口进行空间编号（见图7.5），例如玉龙路黄河路口（E1）、龙江路海河路口（C2）、通江路辽河路口（F4）等。

路口区域是街道空间结构最复杂、城市家具配置最密集的区域，编号与路口真实形态对应标示（见图7.6），也为进一步在此基础上设计城市家具系统总谱搭建了良好的框架。

7.3.2　城市家具系统的分析方法运用

构建现状设施布局图，编码图谱、"物"的编码表，同时在现状设施布局图的基础上将现有城市家具按照现状放置在总图上。并且做到城市家具实物编码表与该总图能相互对应，对应查询（见图7.7）。

在规划街区的城市家具考察范围的圈定上，主要考虑对街道空间形象影响较大的城市家具子系统，如路灯杆、垃圾桶、指示牌、广告牌、电话亭、报刊亭等，汇总成城市家具现状总谱。

7.3.3　布局规划阶段

7.3.3.1　总体策略

（1）总体布局采用分区式的改造策略

布局策略分为一般策略、特色策略和精品策略三种（这些策略中包括：重点街区、特色街区、一般街区的划分；重点与一般路口的划分）。

（2）分区规划部分，详细规划街道"物"的配置

实现编码图谱与"物"的编码表匹配互查，增加与设计愿景匹配的公共艺术品和城市家具意向图，方便相互查询（见图7.8）。

（3）分项规划部分，增加重点街区、特色街区和普通街区的设计

各项设施布局规划图包括：布局总平面图、各分项设施布局平面图；景观设施布局规划图、公共服务设施布局规划图、交通服务设施布局规划图、信息服务设施布局规划图、空间美化设施布局规划图；应新增设施、可撤销设施的专项规划；公共艺术品专项规划等。

7.3.3.2　指导方针

在规划方案基础上，以"显与隐、一体化、人性化、模块化、选材科技化、色彩区域化"为设计指导，进入下一步设计工作。

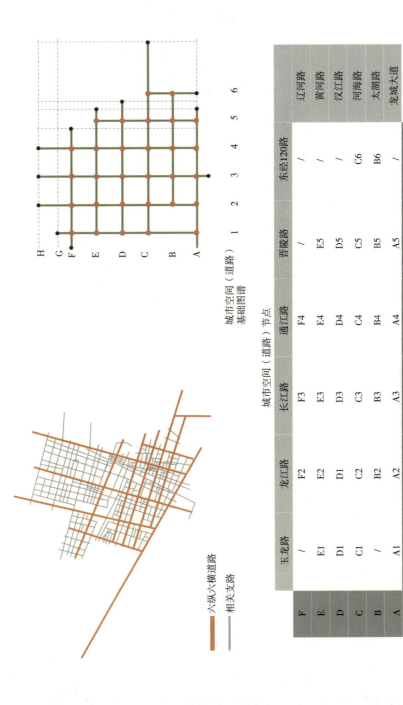

六纵六横道路

相关支路

城市空间（道路）节点						
	玉龙路	龙江路	长江路	通江路	晋陵路	东经120路	
	1	2	3	4	5	6	
F	/	F2	F3	F4	/	/	辽河路
E	E1	E2	E3	E4	E5	/	黄河路
D	D1	D1	D3	D4	D5	/	汉江路
C	C1	C2	C3	C4	C5	C6	河海路
B	/	B2	B3	B4	B5	B6	太湖路
A	A1	A2	A3	A4	A5	/	龙城大道
	1	2	3	4	5	6	

城市空间（道路）
基础图谱

图 7.5　对"六纵六横"规划区域的路网总谱构建（含路口节点代码）

资料来源：戴晓芸（2011）。

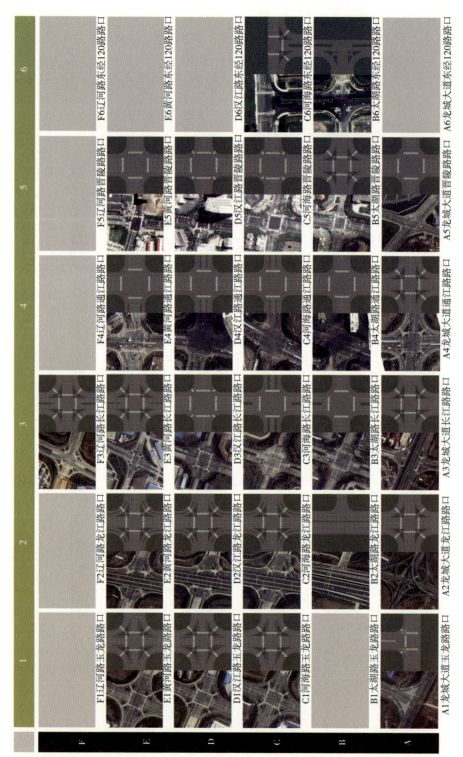

图7.6 对六纵六横道主要路口的形态分析

资料来源：翟音（2011）。

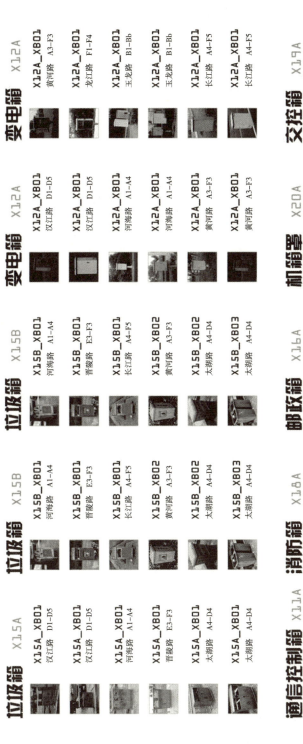

图 7.7　常州市新北区所有箱状城市家具的现状及编码对照图谱

资料来源：梁勇（2011）。

143

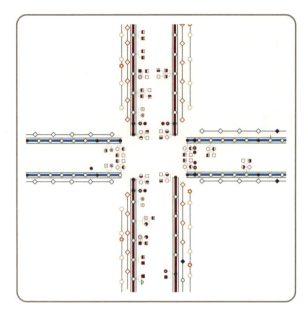
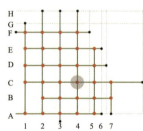

图 7.8　某街道十字路口"物"的规划微观图谱

资料来源：蒋燕燕（2011）。

（1）梳理"隐与显"

结合国内外设计实际案例，针对新北区城市家具现状的设计，建议归纳所有设施的用途，增强设施与人活动的密切性，如有些辅助设备或指示应该进行隐藏设计。

（2）整合"一体化"

根据系统研究空间中"物"的功能，有效整合多余的物件，如有些杆件可以多杆合一。

（3）设计"人性化"

从整体规划到细节设计，都应该以人为本，最大限度地为空间中的人及其活动进行全面设计。

（4）安装"模块化"

不论是从同一形象的角度，还是部件维护的角度，模块化设计、安装城市家具都是当今的业界主流。

（5）选材"科技化"

科技是进步的体现，对于有高科技技术基础的区域更应充分挖掘这种内涵。

（6）色彩"区域化"

色彩是视觉感觉系统感知到的最为直接和强烈的第一印象，因此对于城市整体形象的营造有着重要作用，区域颜色的选用与衍生需要规划。

7.3.3.3　具体方法

第一，开展重要节点公共艺术品设计。重要节点包括：进入高新区和各园区的门户节点，设计应具有标志感；道路交叉口，设计应展示区域特色风貌。

第二，开展精品线路形象设计。打造龙城大道—通江路—长江路—辽河路精品示范线路，开展街区城市家具、公共艺术品等完整设计，其中通江路增加建筑商业广告设计（见图7.9）。

图 7.9　新北区主要城市家具系统的规划配置总谱

资料来源：蒋燕燕（2011）。

第三，精品线路之外的其他区域，提供设计导则。在形象提升导则目标要求下，明确哪些设施需要更换，哪些设施可以改造，哪些设施可以去除，哪些设施需要增加等具体实施指导方案。

第四，开展城市建筑色彩规划，对重要节点的建筑形体和色彩提出意向控制要求（以未建区域为主，已建区域可提出更新改造方案）。

7.3.3.4 街道分区规划

分区规划分为重点街区、特色街区和标准街区（见图7.10），具体的划分标准如下：

（1）重点街区

重点街区需至少符合以下条件中的两项：

- 市民慢行活动频繁区域。
- 成熟的商业或休闲的密集区域。
- 重要的城市广场区域。

对于重点街区，规划上，要对城市家具、公共艺术品有较为细致的定位及规划；艺术上，城市家具、公共艺术品要具有整体的现代艺术品质；功能上，要具有相当完善的城市家具服务功能；布局上，城市家具应执行"五分钟"服务配套设计。

（2）特色街区

特色街区需符合以下三个之一的条件：

- 与各色产业园连接的主要道路。
- 街面以厂区路口居多的道路。
- 车行及快速通过方式为主的道路。

对于特色街区，规划上，对城市家具、公共艺术品根据园区特色进行分段规划；艺术上，城市家具、公共艺术品要具有鲜明的区域特色；功能上，要突出适合快速通过的较完善的城市家具服务功能；布局上，城市家具应执行"十分钟"服务配套设计。

（3）标准街区

标准街区需符合以下三个之一的条件：

- 与各普通节点连接的常用道路。

<table>
<tr><td align="center">A
（重点街区）</td><td align="center">B
（特色街区）</td><td align="center">C
（标准街区）</td></tr>
</table>

图7.10 分区城市家具配置标准

资料来源：陈健（2011）。

- 占据空间不大的支路。
- 人行及慢速通过方式为主的道路。

对于标准街区，规划上，对城市家具、公共艺术品做一般常规规划；艺术上，城市家具、公共艺术品应具有一般区域特色；功能上，应符合常用城市家具服务功能；布局上，城市家具应执行便捷常规配套设计（见图 7.11）。

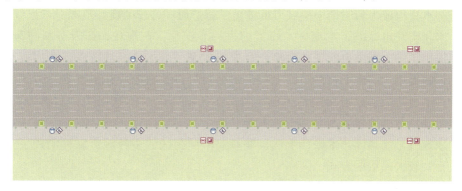

◉ 座椅　◈ 垃圾箱　▣ 公共自行车亭　⊙⊙ 报刊亭　▣ 广告面板

图 7.11　通江路标准段城市家具规划中观总谱

资料来源：戴晓芸（2011）。

7.3.3.5　专项规划分类

专项规划定位：突出"艺术"（art）、"功能"（function）、"科技"（hi-tech）、"人文"（humanity）四大主题。

专项规划分类内容：

- 界面空间、公共艺术、景观（形：景观工程、道路改造）。
- 色彩（色：建筑、城市家具）、肌理（质：建筑立面改造、街面铺地改造）。
- 大型作品（区域性）、中型作品（特殊性）、小型作品（艺术性）。

7.4　规划实践效果

本实践课题历时一年，在这期间，团队往复现场 20 余次，内部专题研讨不下 40 次；研究团队在涉及近 25 平方千米规划区内，对长度总和达 120 千米的区内街道都进行了细致的考察。我们与当地政府及规划局紧密沟通与合作，虽然遇到了许多实际困难，但都在良好的沟通调解中得到解决，例如公共汽车站点的创新整合、重要街口的城市家具配置等都是在多次协商后才确定实施。同时，与承建方的良好沟通，也使得规划实践在实施阶段获得了很好的落地效果。当地的市局领导也多次组织承建方与街道管理部门与设计者进行会面，协调各相关建设方的立场与意见。

在实施条件上，设计团队与当地政府及规划局等相关建设方的良好合作，很大程度上得益于新北区政府的整治城市环境的决心和行政力度，同时，两者合作经历的本身也成为新时期中国城市街道美学营造协同合作的良好范本。

本项实践也促进了本项学术研究的进一步深化：在现状调研及分析过程中，我们提出了一个街道空间现状模型，对应形成了一个街道区域所需营造内容与规划要点的提纲；实现了在平面图上画出每个目标设计物的所在位置表述方式的完善，为下一阶段形成城市街道美学、营造关于城市家具的数据库做了基础工作。探索了选择关键的城市家具类型的判断依据，尝试了改变形式、材料、尺度、色彩、家族符号等具体艺术设计手法，并且对不同街区的多种城市家具实践了一系列可行性较大的组配方式。

该项目首次采用新的街道美学营造系统规划方法，成为中国城市形象系统提升的一项创新；项目成果已为城市管理者提供实践理论依据；项目组的设计方案也直接提高了常州市新北区塑造"高品质城市空间形象"的成色。在总体愿景上，该项实践有助于形成城市管理层面的城市空间形象规划与设计的学术理论；在实施效果上，它为当地民众营造了所期高品质、具有持久活力的城市空间。

7.5　本章小结

常州市新北区的街道营造工程在 2011 年适时成为本书研究内容的重要实践，也在方法层面弥合了一些城市形象塑造美好愿景与空间营造效果欠佳的现实反差。

整个章节的项目评述包含了实践项目背景、概括与目标、调研阶段、系统分析阶段以及布局规划阶段几个部分。其中调研、系统分析、布局规划是相互联系、层层相扣的研究重点。从四大园区到六纵六横街区，每一处城市空间都经历了被详细考察、图纸复原、推演分析的解析过程。

宏观规划阶段体现面状路网，中观系统规划阶段反映线状街道，微观设计阶段定位点状城市家具，三个阶段的视角共同反映了对街道美学营造的整体布局。从街道与城市的关系，街道与街道节点的关系，最后延伸到城市家具的配置关系，三大关系的整合与提升，使街道空间的提升改造可以循序渐进地被实施。

附录 关于街道"物"的分类编码表

街道空间中"物"的分类编码对照表（部分）

品种	类别	细分	英文名称	备注	拟定编码及名称
杆状	电线杆	电线杆	telegraph pole	普通	（G11A）电线杆
杆状	路灯杆	路灯杆	street lamp pole	普通	（G12A）路灯杆
杆状	路灯杆	路灯杆	street lamp pole	多方位	（G12B）路灯杆（双向）
杆状	路灯杆	路灯杆	street lamp pole	园路灯	（G12C）路灯杆（多方位）
杆状	路灯杆	路灯杆	street lamp pole	小品灯	（G12D）路灯杆
杆状	信号杆	信号杆	signal pole	普通	（G13A）信号杆
杆状	信号杆	交通信号灯	traffic light		（G13B）交通信号灯
杆状	信号杆	交通指示牌	traffic sign		（G13C）交通指示牌
杆状	信号杆	泊车咪表杆	metered parking bar		（G13D）泊车咪表杆
杆状	信号杆	人行信息柱	pedestrian information pole		（G13E）人行信息柱
亭状	电话亭	电话亭	telephone booth		（T11A）电话亭
亭状	公交亭	公交亭	bus station	半敞	（T12A）公交亭
亭状	公交亭	公交亭	bus station	全包	（T12B）公交亭
亭状	公交亭	公交亭	bus station	全敞	（T12C）公交亭
亭状	报刊亭	报刊亭	newsstand		（T13A）报刊亭
亭状	公共自行车亭	公共自行车亭	public bicycle pavilion		（T14A）公共自行车亭
亭状	信息亭	信息亭	information stand		（T15A）信息亭
亭状	岗亭	治安亭	traffic point		（T16A）交通岗亭
亭状	岗亭	保安亭	public security kiosks		（T16B）治安岗亭
亭状	休憩亭	休憩亭	recreation pavilion		（T17A）休憩亭
亭状	遮阳亭	遮阳亭	shelter		（T18A）遮阳亭
亭状	遮阳亭	非机动车道遮阳亭	shelter for non-motor vehicle lane	非机动车	（T18B）非机动车遮阳亭
亭状	便民亭	早餐车	breakfast cart		（T19A）早餐车

品种	类别	细分	英文名称	备注	拟定编码及名称
亭状	便民亭	维修亭	repairing point	非机动车	（T19B）维修亭
亭状	移动公厕	移动公厕	mobile toilet		（T20A）移动公厕
箱状	信息箱	信息箱	information box		（X11A）信息箱
箱状	变电箱	变电箱	substation box		（X12A）变电箱
箱状	自动贩卖箱	自动贩卖机	vending machine		（X13A）自动贩卖机
箱状	ATM 机	ATM 机	Automatic Teller Machine		（X14A）ATM 机
箱状	垃圾箱	垃圾箱	dustbin		（X15A）垃圾箱
箱状	邮政箱	邮政箱	mailbox		（X16A）邮政箱
箱状	直饮水箱	直饮水箱	potable water point		（X17A）直饮水箱
箱状	消防箱	消防箱	fire hydrant		（X18A）消防箱
箱状	交通灯控箱	交通灯控箱	Traffic lights control box		（X19A）交控箱
箱状	机箱罩	机箱罩	case cover		（X20A）机箱罩
面状	交通地面标线	交通地面标线	traffic ground sign line		（M11A）交通地面标线
面状	非机动车车位	非机动车车位	parking lot for non-motor vehicle		（M12A）非机动车停车位
面状	广告	道旗广告	light banner advertising		（M13A）道旗广告
面状	广告	灯箱广告	neon light advertising		（M13B）灯箱广告
面状	广告	看板广告	billboard advertising		（M13C）看板广告
面状	广告	桥身广告	bridge advertising		（M13D）桥身广告
面状	人行地面导向	人行地面导向	pedestrian ground guiding sign		（M14A）人行地面导向
片状	护栏	非机动车道护栏	non-motor vehicle lane fence		（P11A）非机动车道护栏
片状	护栏	机动车道护栏	motor vehicle lane fence		（P11B）机动车道护栏
片状	护栏	绿化带	green belt		（P11C）绿化带
片状	硬质铺装	装饰性铺装	decorative paving	装饰性	（P12A）装饰性铺装
片状	硬质铺装	盲道（铺装）	idewalk for blind	无障碍	（P12B）盲道（无障碍）
片状	信息牌	信息牌	variable Message Signs		（P13A）路测信息展示牌
片状	墙体	墙体	wall	普通	（P14A）墙体

续表

品种	类别	细分	英文名称	备注	拟定编码及名称
片状	墙体	景观墙	landscaping wall		(P14B) 景观墙
片状	墙体	垂直绿化设施	vertical greening facilities		(P14C) 垂直绿化设施
点状	窨井盖	窨井盖	water (waster/rain water)	污、雨水	(D11A) 水(污水、雨水)
点状	窨井盖	电力工程	electrical engineering		(D11B) 电力工程
点状	窨井盖	通信工程	telecommunication engineering		(D11C) 通信工程
点状	排水道	排水道	drainage channel		(D12A) 排水道
点状	景观照明	景观照明	landscaping lighting		(D13A) 景观照明系统
点状	路灯照明	路灯照明	street lamp lighting system		(D14A) 路灯照明系统
盆状	花坛	花坛	parterre		(P46A) 花坛
盆状	花坛	树池	tree pool		(P46B) 树池
其他	休息座椅	休息座椅	bench		(O11A) 休息座椅
其他	临时设施	临时设施	lanscape feature	临时	(O12A) 临时设施
其他	景观小品	景观小品	lanscape feature (sculpture)	雕塑	(O13A) 景观小品(雕塑)
其他	景观小品	景观小品	park entrance	喷泉	(O13B) 景观小品(喷泉)
其他	景观小品	园区入口形象标志	non-motor vechicle sunshade		(O13C) 园区入口形象标志
其他	特殊装置	特殊装置	temporary facilities	通用	(O14A) 特殊装置

参 考 文 献

1. 国内著作

［1］曹杰勇. 新城市主义理论. 中国城市设计新视角［M］. 南京：东南大学出版社，2011.

［2］段进，比尔·希利尔. 空间句法与城市规划［M］. 1 版. 南京：东南大学出版社，2007.

［3］范文莉. 当代城市空间发展的前瞻性理论与设计：城市要素有机结合的城市设计［M］. 南京：东南大学出版社，2011.

［4］霍绍周. 系统论［M］. 北京：北京技术文献出版社，1988.

［5］李道增. 环境行为学概论［M］. 北京：清华大学出版社，1999.

［6］林玉莲等. 环境心理学［M］. 北京：中国建筑工业出版社，2000.

［7］刘春成，侯汉坡. 城市的崛起：城市系统学与中国城市化［M］. 北京：中央文献出版社，2012.

［8］刘先觉. 现代建筑理论［M］. 北京：中国建筑工业出版社，2000.

［9］马泉. 城市视觉重构：宏观视野下的户外广告规划［M］. 北京：人民美术出版社，2012.

［10］齐康. 城市环境规划与设计方法［M］. 北京：中国建筑工业出版社，1999.

［11］沈山，秦萧，孙德芳，等. 城乡公共服务设施配置理论与实证研究［M］. 南京：东南大学出版社，2013.

［12］孙靓. 城市步行化——城市设计策略研究［M］. 南京：东南大学出版社，2012.

［13］孙彤宇. 以建筑为导向的城市公共空间模式研究［M］. 北京：中国建筑工业出版社，2011.

［14］吴良镛. 人居环境科学导论［M］. 北京：中国建筑工业出版社，2001.

［15］熊广忠. 城市道路美学：城市道路与景观设计［M］. 北京：中国建筑工业出版社，1990

［16］徐苏宁. 城市设计美学［M］. 北京：中国建筑工业出版社，2007.

［17］尹定邦，陈汗青，邵宏. 设计的营销与管理［M］. 长沙：湖南科学技术出版社，2003.

［18］张鸿雁，谢静. 城市化进程：中国城市化进程中的社会问题与治理创新［M］. 南京：东南大学出版社，2011.

［19］周春生. 城市空间结构与形态［M］. 北京：科学出版社，2007.

2. 调查报告及法规标准

［1］CJJ45 - 2006. 城市道路照明设计标准［S］.

［2］GB5768 - 1999 道路交通标志和标线［S］.

［3］杭州市城市总体规划纲要［R］. 杭州市城市规划设计研究院，2002.

［4］交通工程手册编委会．交通工程手册［M］．北京：人民交通出版社，1998.

［5］许江，宋建明．美美与共——杭州美丽城市与中国美术学院共建成果集［M］．杭州：中国美术学院出版社，2011.

［6］中国社科院．国际城市发展报告 2012［R］．北京：2012.

3. 外文译著

［1］［丹麦］扬·盖尔．人性化的城市［M］．欧阳文，徐哲文，译．北京：中国建筑工业出版社，2010.

［2］［丹麦］扬·盖尔．交往与空间［M］．何人可，译．北京：中国建筑工业出版社，2002.

［3］［德］戈特弗里德·海纳特．创造力［M］．陈钢林，译．北京：工人出版社，1986.

［4］［美］阿兰·B. 雅各布斯．伟大的街道［M］．王又佳，金秋野，译．北京：中国建筑工业出版社，2009.

［5］［美］道格拉斯·凯尔博．共享空间——关于邻里与区域设计［M］．吕斌，覃宁宁，黄翙，译．北京：中国建筑工业出版社，2007.

［6］［美］德赖弗斯事务所，阿尔文·R. 蒂利．人体工程学图解：设计中的人体因素［M］．朱涛，译．北京：中国建筑工业出版社，1998.

［7］［美］简·雅各布斯．美国大城市的死与生［M］．金衡山，译．南京：译林出版社，2005.

［8］［美］凯文·林奇．城市形态［M］．林庆怡，陈朝晖，邓华，译．北京：华夏出版社，2001.

［9］［美］凯文·林奇．城市意象［M］．方益萍，何晓军，译．北京：华夏出版社，2001.

［10］［美］克莱尔·库珀·马库斯，卡罗琳·弗朗西斯．人性场所——城市开放空间设计导则［M］．俞孔坚，译．北京：建筑工业出版社，2008.

［11］［美］刘易斯·芒福德．城市发展史：起源、演变和前景［M］．倪文彦，宋峻岭，译．北京：中国建筑工业出版社，1989.

［12］［美］迈克尔·杜宾斯．城市设计与人［M］．奚雪松，黄仕伟，李海龙，译．北京：电子工业出版社，2013.

［13］［美］伊利尔·沙里宁．城市：它的发展、衰败与未来［M］．顾启源，译．北京：中国建筑工业出版社，1986

［14］［挪］诺伯舒兹．场所精神：迈向建筑现象学［M］．施植明，译．武汉：华中科技大学出版社，2010.

［15］［日］芦原义信．街道的美学［M］．尹培桐，译．天津：百花文艺出版社，2006.

［16］［日］片山和俊．都市空间作法笔记［M］．新明健，译．北京：中国建筑工业出版社，2005.

［17］［英］比尔·希利尔．空间是机器——建筑组构理论［M］．杨滔，张佶，王晓京，译．北京：中国建筑工业出版社，2008.

［18］［英］克利夫·芒福汀．街道与广场［M］．张永刚，陆卫东，译．北京：中国建筑工业出版社，2004.

［19］［英］卡莫纳等．公共场所——城市空间（城市设计的维度）［M］．冯江，袁粤，万

谦，等译．南京：江苏科学技术出版社，2006.

［20］［英］麦克劳林 J．B.．系统方法在城市和区域规划中的应用［M］．王凤武，译．北京：中国建筑工业出版社，1988.

［21］［英］斯蒂芬·马歇尔．城市·设计与演变［M］．陈燕秋，胡静，孙旭东，译．北京：中国建筑工业出版社，2014.

4. 期刊论文

［1］曹芳伟．基于环境行为学理论下的城市街道研究［D］．合肥：合肥工业大学，2009.

［2］曹巧兰．城市审美形象研究［D］．南京：南京师范大学，2006.

［3］陈李波．城市美学四题［D］．武汉：武汉大学，2006.

［4］成朝晖．"城市特质"——城市形象系统的差异化定位［J］．新美术，2009（5）：86－88.

［5］程世丹．当代城市场所营造理论与方法研究［D］．重庆：重庆大学，2007.

［6］程相占，阿诺德·伯林特．从环境美学到城市美学［J］．学术研究，2009（5）：138－144.

［7］冯丹红．基于环境行为学的城市旅游公共设施系统设计研究［D］．秦皇岛：燕山大学，2012.

［8］冯维波．城市游憩空间分析与整合研究［D］．重庆：重庆大学，2007.

［9］傅云新．城市形象的综合评价——以广州市为例［J］．城市问题，1998（5）：7－10.

［10］高兴．设计伦理研究［D］．无锡：江南大学，2012.

［11］韩凤．城市空间结构与交通组织的耦合发展模式研究［D］．长春：东北师范大学，2007.

［12］蒋宇．中国城市化进程中城市景观美学问题研究［D］．重庆：西南大学，2012.

［13］李包相．基于休闲理念的杭州城市空间形态整合研究［D］．杭州：浙江大学，2007.

［14］李纳．基于隐性历史文化遗存的城市街区空间形态研究——以青岛市浮山所1388文化街为例［D］．青岛：青岛理工大学，2011.

［15］李文．城市公共空间形态研究［D］．哈尔滨：东北林业大学，2007.

［16］李哲．生态城市美学的理论建构与应用性前景研究［D］．天津：天津大学，2005.

［17］马水静．基于中心地理论的北京城市街道活力研究［D］．北京：北京工业大学，2009.

［18］毛海虓．中国城市居民出行特征研究［D］．北京：北京工业大学，2005.

［19］钱磊．街道断面设计对街道行为的影响性研究［D］．上海：同济大学，2008.

［20］王国平．完善城市形象系统设计　打造无视觉污染城市［J］．杭州通讯（下半月），2008（11）：5－7.

［21］王昀．城市公共设施系统设计实践与研究［D］．杭州：中国美术学院，2014.

［22］巫昊燕．基于城市分级体系的城市公益性公共服务设施规划研究［D］．重庆：重庆大学，2009.

［23］吴端．针对城市主题事件的城市空间导视系统设计研究［D］．上海：同济大学，2008.

［24］袁伟．城市道路环境中汽车驾驶员动态视觉特性试验研究［D］．西安：长安大学，2008．

［25］曾勇，林波．城市街道家具规划设计的影响因素分析［J］．山西建筑，2008，34（28）：40－41．

［26］张海潮．网络城市的空间及场所研究［D］．长沙：中南大学，2010．

［27］赵明，马青，吕正华．以人为本的城市街道设施规划研究［J］．沈阳建筑工程学院学报（自然科学版），2001（4）：241－244．

［28］赵伟．广义设计学的研究范式危机与转向［D］．天津：天津大学，2012．

［29］朱慧斌，李磊．交通文化与城市形象塑造研究——以萧山为例［J］．今日科苑，2008（8）：214－215．

5. 外国文献

［1］Batty M. Smart Cities, Big Data［J］. *Environment and Planning – Part B*, 2012（2）．

［2］Bayley M, Curtis B, Lupton K, et al. Vehicle aesthetics and their impact on the pedestrian environment［J］. *Transportation Research Part D-Transport and Environment*, 2004, 9（6）：437－450.

［3］Bayraktar N, Tekel A, Ercoskun O Y. An evaluation and classification of urban furniture on ankara ataturk boulevard and relation with urban identity［J］. *Journal of the Faculty of Engineering and Architecture of Gazi University*, 2008, 23（1）：105－118.

［4］Bertalanffy. *General System Theory*［M］. New York：George Breziller, Ine, 1973. 33.

［5］Brown T C, Daniel T C. Landscape aesthetics of riparian environments-relationship of flow quantity to scenic quality along a wild and scenic river［J］. *Water Resources Research*, 1991, 27（8）：1787－1795.

［6］Cerin E, Macfarlane D J, Ko H. Measuring perceived neighbourhood walkability in Hong Kong［J］. *Cities*, 2007, 24（6）：209－217.

［7］Erens F, Verhulst K. *Architecture for product families*［M］. Computer in industry, 1997.

［8］Gernet, Jacques; translated by J. R. Foster, *A History of Chinese Civilization*［M］. Cambridge：Cambridge University Press, 1985.

［9］Huerta R. I Like Cities; Do You Like Letters? Introducing Urban Typography in Art Education［J］. *International Journal of Art & Design Education*, 2010, 29（1）：72－81.

［10］Humpel N, Owen N, Leslie E. Environmental factors associated with adults' participation in physical activity-A review［J］. *American Journal of Preventive Medicine*, 2002, 22（3）：188－199.

［11］Julier G. Urban designscapes and the production of aesthetic consent. In；Routledge Taylor & Francis Ltd, 4 Park Square, Milton Park, Abingdon Ox14 4rn, Oxfordshire, England：2005；pp 869－887.

［12］Nigel Whitely, *Design for Socity*［M］. Reaction Books Ltd, 1998.

［13］Wolfe, Tom. *From Bauhaus to our house*［M］. New York：Farrar Straus Giroux, 1981.

［14］Wright C. Curtis B. Aesthetics and the urban road environment［J］. *Proceedings of the Institution of Civil Engineers-municipal Engineer*, 2002, 151（2）：145－150.

后　　记

作为一名艺术设计专业领域的实践者，笔者跟随导师所在的项目组经历了许多城市设计的工程。从了解情况到承担项目到最后项目完工，每一步的迈出都给本人很大的压力和启示。在收获团队操盘经验和个人研究经历的同时，也深知我们现在所做的图面上的每一个企划都可能对一片城市区域产生久远的影响，所以在做实践的同时带着研究的心态，所以比一般的设计工程要额外多下功夫。有些项目占地面积较大、城市空间问题综合，涉及的政府管理者及相关利益机构繁多，例如杭州市"十纵十横"街面提升改造工程、中山路的街面有机更新项目，在我们团结的精心规划设计下，这些项目都在城市公共服务设施的优化配置与空间美学营造上取得了令人满意的成绩，成为许多城市学习与效仿的案例。紧接着杭州市政府又与中国工程院达成了协议，从美学从科技双轨创建"智能杭州"的建设新路随之铺开[①]。在实践项目上，我们还收到江苏省常州市的邀请主持道路美学营造的整体规划。通过我们努力的工作付出，最后的方案实施得到了相关部门的肯定，但对于一群思考城市问题的学人来说，这只是研究工作刚刚的开始。

在学术上，本书的研究项目获得了浙江省教育厅、浙江省教科规划项目的基金资助；笔者也有相关的重要学术文章发表在《装饰》期刊。为了保护相关知识产权，笔者所在团队也将近几年实践研究中积累的造型结构等申请了多项外观专利及实用新型专利。

在案例论证方面，笔者对国内七座具有代表性的城市进行了现场评估与问卷调查，这些城市有的具有大体量的城市街道空间，有的是新兴的城市和城镇。这方面的资料积累为后期的研究带来了许多中国城市空间方面的重要信息。并且笔者有幸在攻读学位期间，随导师赴欧洲北部五国进行相关街道与其设施配置的实地考察，亲自体验了国外街道中的一些先进和有创意的街道设计项目。结合之前国外资料对比研究，加入这次研究的成果之中，为全书的论证奠定了基础性实例内容。

在对本书研究愿景的审视上，笔者认为，如何为城市人营造宜人和高效的品

---

① 李积，李超．共同推进"智能杭州"建设［N］．杭州日报，2014-3-10.

质上乘的城市生活空间是本研究的根本目标。对于人的尊重与理解贯穿于这项研究的始终，不管是现在的人、未来的人还是已经成为过去的人，都应该在城市的相关设计中得到相应的尊重与理解。

设计者需要研究现在的人们在日常生活中体验行为，理解每个行为系统的各个部分——人们步行出门、上车、穿过汽车咖啡屋、上高速、出高速、停车、穿过工作的大门、与单位机构中其他人互相交流……总而言之，充分地确保人们的生存质量得到了持续的改善。

指导街道空间设计和城市家具开发过程的物质空间系统与相关组织系统存在着相互作用力，并因此充斥着各种复杂的关系。在面对这些过程中的复杂关系时，可以通过确认三个大原则来化解其中大部分的矛盾：

（1）在宏观认识上，明确人是城市空间成功与否的核心。

（2）在组织结构上，确保将所有利益相关者联合起来共同协调、建设和利用公共领域，街道空间设计工作才有可能顺利进行。

（3）在工作方法上，与街道空间设计相关的各学科必须采取一种海纳百川、深思审慎、相互尊重的态度（与常规方式相对），将所有的行动整合起来。

对于城市问题的研究，不同的学科间也似乎在不断地争论，城市究竟应该如何发展，如何走向未来，如何解决现实难题。"我们已经走得太远，以至于忘记了为什么而出发。"这是纪伯伦曾经感叹自己的祖国黎巴嫩人民之间长年相互纷争的现实处境。如果加上一定的"时间"限制，"实践是检验真理的唯一标准"，而检验理论是否具有真正价值的一种重要方式就是看其能否回应现实所处的这一时代的问题，并进行正确和科学的分析，厘清问题的本源，建立一套相对稳定的应对体系，即使问题在发展中变化，也能及时进一步应对一些未来的趋向。

如何提升街道空间品质，不只建立在各视觉要素的有序建构及区域特色等基本美学规律之上，更为重要的是在艺术设计中用更为系统的方法处理"空间—城市人—造物"三者的内在联动关系。取城市家具的"形"是方法研究的切入点，立街道空间的"象"是追求目标，对于城市美学研究来说，该目标可以引申为追求"境象"之"境"，让人在"境象"之中领会视觉设计的"意象"之美，最终映出城市人"心象"之美——这也是本书的最终愿景。

街道的相关设计所包含的城市公共领域重要因素是其他城市空间所不可比拟的，有幸进行中国城乡的街道美学设计的一项方法研究，通过这项课题为城市人创造舒适、宜居、高效的城市生活空间，满足他们对未来城市的期许，是一件令人振奋的事情，同时它也充满着无限挑战。如果在这样一条道路上为"街道"找到了正确的前进方向，那么也许可以为使整个中国城市建设步入正确轨道付诸绵薄之力。

　　本书编写前后历时四年，但从基础研究及相关实践的累积时间来看也已近十载。从点点滴滴的实践，到揣摩学术层面的价值，笔者一直感觉惴惴不安。所谓的学术创新，分为原始创新和集成创新。自觉囿于学识，笔者从不敢奢望本书出现突破性创新。在学术研究过程中更多的也是在学习，"他山之石，可以攻玉"（《诗·小雅·鹤鸣》），本书所述的研究成果也是建立在许多前辈的研究之上，正是在前辈丰富的学养滋润和鼓舞下，自己才迈出向前的脚步。同时我也自感很幸运，因为在我的身边会集了诸多有思想、有实践经验的友人与师长。许多难题都是在这些人士帮助下，逐步得以完善研究思路，一一迎刃而解，这中间尤其值得敬佩与感谢的是我的导师宋建明教授。十年前初见宋老师就对他犀利的眼神和独特的学者清风印象深刻；这些年来他用几十年直面城市问题的实战经验和精彩的现场论述一次次颠覆了我的认知；每次探讨问题，他总是可以用轻松却极为精练和到位的语言，点醒我的诸多困惑，甚至最初纠结数周的研究方向也是在一次与他的促膝茗茶间完成了抉择。如果将这些学习片段看作抛砖引玉，那这足以让我好好去感谢他直接赠"玉"之恩。

　　这几年的求学历程中，我能够在面对许多机遇诱惑时，犹如东风射马耳，摒弃一切杂念，完全是依仗家人、领导及同事的无私帮助与支持。在博士开题答辩当天正值儿子出生，除了全家的喜悦，也骤增许多责任与担负，而那段艰难时期我贡献太少，家中妻子与老母亲付出许多心血。同时我不能忘记北斗星及中国美术学院色彩研究所的同事，他们的工作给了我研究工作最专业的支持。而郑巨欣教授在研究的关键阶段给了我很多中肯的意见，最后蒋燕燕、陈健为本书的最后成形付出了诸多努力。

　　感谢世界的不完美，让我可以发掘出这个课题。本书只能权作抛"砖"，不敢说能引来"玉"的关注。希望明天有更多的人会像我们这个小小学术团队一样，能被这些不完美吸引，真正为街道的美学营造添上一块有用的方砖。

梁勇

2019 年 5 月 10 日